EL TAROT DE MARSELLA SUPERFÁCIL

EL TAROT DE MARSELLA SUPERFÁCIL

LIBRO Y CARTAS PARA ECHAR
EL TAROT INMEDIATAMENTE

Olga Roig
Peter Stone

ARKANO BOOKS

Primera edición: septiembre de 2018
Primera reimpresión: marzo de 2020
Tercera reimpresión: septiembre de 2022

Diseño de cubierta: Rafael Soria

Editado por acuerdo con Karma 7
© Distribuciones Alfaomega S.L., Arkano Books, 2018
Calle Alquimia, 6
28933 Móstoles (Madrid)
Tels.: 91 617 08 67
e-mail: grupogaia@grupogaia.es
www.grupogaia.es

Depósito Legal: M. 19.466-2018
ISBN: 978-84-15292-80-7

Impreso en China

Cualquier forma de reproducción, distribución, comunicación pública
o transformación de esta obra solo puede ser realizada con la autorización
de sus titulares, salvo excepción prevista por la ley. Diríjase a CEDRO
(Centro Español de Derechos Reprográficos, www.cedro.org)
si necesita fotocopiar o escanear algún fragmento de esta obra.

DEDICATORIA

Dedicamos esta obra a todas las personas que de una u otra manera creen, trabajan, viven o investigan en el maravilloso mundo de las cartas de Tarot y de forma muy especial, pese a nuestras diferencias en criterios e intepretaciones sobre el Tarot a: José Luis Nuag, Leontina, Carmen Díaz y Miriam Riera, verdaderos profesionales y humanistas en el mundo de las Artes Adivinatorias.

Los Autores

INTRODUCCIÓN

Escribir un libro siempre es una tarea complicada, pero hacerlo sobre un tema, que para muchos es manido y tocado, supone un verdadero reto. Un libro sobre el Tarot de Marsella, es un desafío para cualquier autor, porque en el momento de escribirlo, te planteas qué vas a decir que otros no hayan dicho, qué vas a incluir en la obra que hayan olvidado otros, o qué puedes aportar tu a algo tan ancestral como es un arte adivinatorio.

Y sin embargo, a medida que se realiza la compilación de los datos de la historia de las cartas, de su proceso evolutivo como oráculo y especialmente cuando se contacta con profesionales del sector para que den su opinión al respecto de interpretaciones, símbolos y láminas, se da uno cuenta que en el tarot, hay mucho que decir y hay mucho por trabajar, por descubrir, en síntesis, acercarse al mundo del tarot, desde una perspectiva de innovación, de interés y respeto, permite redescubrir un paisaje y apreciar detalles de aquello que hasta la fecha había permanecido velado a los ojos.

Vivimos en un mundo tecnificado, con prisas, estrés, tensiones y desmesurado materialismo consumista que muchas veces nos hace olvidar la sencillez de las cosas, lo tradicional, aquello que siempre ha estado junto a nosotros.

Evidentemente, decir que el Tarot y en este caso sus arcanos mayores, nos conectan con un mundo de ayer para ayudarnos a vivir el de mañana, puede parecer un acto de premeditada exageración, cuando no de auto vanagloria, sin embargo es cierto: este oráculo, este sistema adivinatorio, entre comillas, este método que ha estado con el ser humano a través del paso de los años y los siglos, hoy, todavía se nos configura como una herramienta capaz de alumbrar un poco nuestras vidas, pero no desde el punto de vista de la determinación, como muchos equivocadamente postulan, sino desde la perspectiva del asesoramiento y la ayuda.

Anteriormente ponía entre comillas la afirmación de tarot como sistema adivinatorio, el motivo es muy sencillo: las láminas del tarot, pertenecen a unos códigos, símbolos que despiertan la imaginación, las capacidades humanas de determinados individuos que como videntes muchas veces "ven" o perciben sensaciones que traducen en palabras y que adecuan a la situación que tienen delante, pero el tarot, el verdadero tarot del siglo XXI, no es ya aquella herramienta de " a ver que se ve", o "y qué me dicen las cartas", el tarot es un lenguaje perenne que existirá a lo largo de la historia del hombre, y de su evolución, es un códice que nos permite evolucionar en interpretaciones al igual que evolucionan los tiempos y las costumbres e ideas humanas, por eso las cartas nunca deben ser interpretadas como un hecho determinante, sino solamente tenidas en cuenta.

También por ese mismo motivo, se hace necesario intentar comprender el mensaje que nos otorga la lámina y ver de qué manera podemos encontrar una ayuda o un asesoramiento a aquello que nos preocupa.

Después de estas afirmaciones más de un lector podrá creer que he quitado todo el sentido adivinatorio de este "gran Juego" y sin embargo yo me permito preguntar: ¿qué es adivinar? porque adivinar, no solamente es acertar por que sí, adivinar es descubrir un enigma, o en otra modalidad, la adivinación es conjeturar sobre lo que se ignora. Desde esta premisa ¿no es cierto que cuando tenemos un problema o una duda, intentamos solucionarlo conjeturando posibles soluciones, posibles salidas, buscando alternativas y creando probabilidades que nos lleven a una solución digna de aquello que nos preocupa? En tal caso, el tarot hace lo mismo; nos conduce a otros planos de existencia, nos permite dar diferentes vías de solución a aquello que nos preocupa, nos da varias versiones de un mismo tema, anunciándonos cosas que podrían pasar.

Es curioso, porque muchas veces, la respuesta ya está en nosotros mucho antes de que acudamos al tarotista, sin embargo, es preciso oír de otra persona lo que sabíamos pero no recordábamos. Por ello ¡claro que el Tarot adivina! pero lo hace desde una perspectiva totalizadora y global.

Por todo ello, el lector que se acerque a este libro, tanto si lo hace con fines de conocer más este oráculo, como si su razón es ser algún día un tarotista, deberá saber que va a descubrir un mundo alterable, mutable, móvil y en constante evolución.

Para la realización de este libro, fruto de varios años de trabajo, aparentemente inconexos entre ellos, se ha contado con la experiencia de diferentes tarotistas o como deberíamos denominarlos, humanistas transpersonales, que han aportado desde su perspectiva de conocimiento de este método, apreciaciones sobre la simbología de posibles interpretaciones. En el fondo este libro no deja de ser una manual abierto a nuevas interpretaciones y, es que hay algo en lo que suelen coincidir la mayoría de profesionales, el tarot, su significado y sistemas de tirada, son la base para que con el tiempo el adivino, tarotista o cartomante, edifique nuevas interpretaciones en base a su experiencia, nuevos sistemas de tirada en base a sus necesidades, en sí, nuevas modalidades que le permitan conocerse mejor a sí mismo y ayudar más a quien tiene delante.

Este libro es la base, aporta unas pinceladas, unos tonos, quizá el borrador de un gran cuadro, un gran lienzo, cuya medida, tonalidad final o tema, está aún por dibujar, y eso corresponde al tarotista, quien en base a su investigación, necesidad y vivencia con el oráculo del tarot acabará la obra. Siempre con respeto, siempre sin egoísmo, siempre sabiendo que en función de cómo use el tarot y en función del respeto, que no veneración, que tenga por él, así serán sus resultados a medio y largo plazo, porque al principio, todo parece muy fácil, y un resultado positivo, un acierto, es para muchas personas el camino que les hace seguir engañados, no dándose o no queriendo darse cuenta de que ese no es el sendero a seguir.

Ser un buen tarotista, no es abrir un libro, leerlo rápidamente, comprar unas cartas y comenzar a leerlas, es algo mucho más sagrado y más serio que todo eso. De hecho puede ser un sistema de vida y hay quien dijo que: "vivir bien o vivir mal, no depende de la vida sino de quien y cómo la vive", cada cual sabrá interpretar esta frase, porque puede tener muchas interpretaciones, el tarot también.

Olga Roig y Peter Stone.

1
Buscando los orígenes

"Y fue entonces cuando aquellos hombres sabios, descubrieron que la magia de los símbolos que ellos habían interpretado desde siempre a través de las piedras, los árboles y las tierras, se había sintetizado en unas láminas que cual pinturas vivas hablaban y esperaban ser preguntadas".

Sussan Traford: *Misterio y origen de la adivinación.*

SI LA EVOLUCIÓN DEL SER HUMANO ESTÁ POR ENCIMA DEL BIEN Y DEL MAL, NO LE HACE FALTA EL ORÁCULO DE LA ADIVINACIÓN.

BUSCANDO LOS ORÍGENES

Uno de los métodos adivinatorios más populares en la actualidad es, sin duda, la cartomancia.

Hace años veíamos por las calles de nuestros pueblos y ciudades, aquellas gitanas que, con una baraja de gastadas cartas en la mano, ofrecían a los transeúntes la posibilidad de desvelarles los secretos de su futuro por unas pocas monedas.

Los carromatos sobrecargados de dibujos alusivos a las artes adivinatorias recorrían las fiestas populares, portando en su interior un habitáculo debidamente adornado, en el que una gitana –para los más menudos "la bruja de la bola de cristal"–, tiraba las cartas explicándonos qué aventuras nos depararía el futuro en el campo del amor, los negocios o la salud.

Aquellos métodos de promoción, sin duda románticos, se han quedado en el olvido. Hoy las echadoras de cartas se anuncian en las páginas de los grandes rotativos, aparecen con sus fotografías en las revistas especializadas y reparten publicidad buzonada de barrio en barrio en las grandes ciudades. Aún más, en las calles y plazas de las grandes urbes vemos unos improvisados tenderetes, con un par de sillas plegables, y un anuncio que nos invita a sentarnos unos minutos y obtener así los servicios de una echadora o echador de cartas que intentará penetrar en nuestro porvenir.

Ya han pasado los tiempos de los templos de los grandes oráculos y de la lectura en los posos del café; el naipe se ha convertido en la actualidad en el método más fiable y popular para hablarnos del futuro. Sin duda, esta popularidad viene dada por el hecho de que nos permite, en ocasiones, que seamos nosotros mismos, sin la intervención de otra persona, los protagonistas de la lectura y la interpretación, autoechándonos las cartas y estudiando lo que ellas nos advierten o nos aconsejan. No cabe duda que la infinidad de manuales aparecidos ha permitido esta popularización del uso de los naipes, especialmente los del Tarot.

HACIA EL PRINCIPIO DE LOS NAIPES

Pero no sólo las cartas del Tarot son las únicas que permiten adivinar el futuro, cualquier baraja es también una firme candidata para ser echada y revelarnos lo que nos depara.

Las cartas o naipes se remontan a un pasado muy difícil de reconstruir. Algunos les atribuyen un origen egipcio, y otros dicen fueron los árabes sus inventores; no faltan los defensores de una cartomancia china e incluso hindú, en todo caso el origen es oriental. Lo cierto es que hay barajas chinas que representan sistemas de símbolos alusivos al universo. En la India, las cartas representaban las diez encarnaciones de Vishnú. Los primeros testimonios del siglo XIV muestran unas cartas árabes que reciben el nombre de "naip". De ahí viene la palabra naipe. Por otra parte, una crónica de Viterno, de 1379, supone que los naipes se introducen en Europa procedentes de Sarasinia, país sarraceno.

En España se tienen noticias de la cartomancia a través del libro *Tratado de las especies de Divinación* del obispo Lope Barrientos, escrito en el siglo XV. Esto hace suponer que datan del siglo XIV, ya que, por otra parte, las Ordenanzas de la Orden de la Banda prohibían a sus caballeros el juego de naipes, y Juan I hizo extensiva esta prohibición a sus Estados. Sin embargo, hay una leyenda que asegura que los naipes se inventaron para distraer a Carlos VI de su locura, y como prueba se muestra una baraja de fines del siglo XIV cuya pertenencia se atribuye a este rey, y que se expone históricamente en la Biblioteca Nacional de París.

Otros historiadores de la cartomancia aseguran que ésta hizo furor en la corte de Luis XVI, así como durante el Imperio. En la Academia de Carrara, en Bergamo, encontramos la baraja del cardenal Sforza, del siglo XV; y en Nápoles aún existen láminas de instrucciones de juego que datan de 1580.

LAS CARTAS EN LOS PAÍSES EUROPEOS

Inicialmente los principales métodos usados para la adivinación fueron el francés, el italiano y el español. Estudiando estos métodos vemos que las cartas no han sido iguales en todos los países, cómo han variado de número y sus dibujos han diferido. Incluso descubrimos que en el siglo XVIII se utilizaban de forma pedagógica, con alusiones heráldicas e incluso con partituras de música. También existieron cartas con caricaturas satíricas de los personajes de aquellos tiempos, tal como hoy se fabrican con la caricatura de los principales políticos de un país.

Los naipes árabes introducidos en Europa se componían de cincuenta unidades, distribuidas en cinco grupos de diez cartas que correspondían a las condiciones sociales: servidor, pedigüeño, cortesana, comerciante, gentilhombre, caballero, doctor, emperador y papa. También existieron unos naipes, a los cuales se les quiso atribuir un origen griego, en la que estaba representado Apolo y las diez musas, así como las ciencias, las virtudes y los planetas.

NAIPES FRANCESES Y ESPAÑOLES

Fue en el reinado de Carlos VII cuando un pintor inventó los naipes franceses, representados por picas, tréboles, diamantes y corazones; pero estas figuras tenían un significado más profundo. Así, la dama de tréboles es María de Anjou; la dama de diamantes, Inés Sorel; la dama de picas, Juana de Arco, y la dama de corazones, Isabel de Baviera. Fue también en Francia donde surgen destacados y destacadas echadoras de cartas, como Mlle. Lenormand y el peluquero de la Revolución "el gran Etteila".

Las primeras cartas europeas de puntuación (del 1 al 10) eran españolas y comprendían cuatro grupos: copas, espadas, oros y bastos. Estos signos también eran alusivos, en este caso al clero, la nobleza, los comerciantes y los campesinos.

Antiguamente, como método adivinatorio, las figuras de los palos de bastos y espadas representaban a personas de color moreno; las de copas y oros eran los blancos y rubios; las de bastos y copas eran los buenos y las de espadas y oros los malos.

Mientras que la baraja española se componía de cuarenta y ocho cartas, la francesa era de cincuenta y dos y la inglesa de cincuenta y seis. Francesa e inglesa empleaban las mismas representaciones: corazones, diamantes, picas y tréboles; la baraja alemana utilizaba ilustraciones distintas, así sus cuatro palos estaban representados por cascabeles, corazones, hojas y bellotas.

Finalmente hemos de hablar de las cartas del Tarot, con setenta y ocho láminas, donde se usan normalmente los veintidós arcanos mayores.

LAS CARTAS DEL TAROT

Sin duda, las cartas del Tarot, fueron naipes adivinatorios por excelencia. Los orígenes de dichos naipes permanecen en el misterio y nada demuestra que, como se afirma, los gitanos las trajeran de Egipto a finales de la Edad Media. Etteila nos comenta que los dibujos del Tarot corresponden a figuras cinceladas en el antiguo templo egipcio de Ptah, en Menphis, basando su teoría en que en lo alto del altar aparece la figura de un sacerdote egipcio en cuyo pecho está dibujado el *Libro de Thoth* y un jarrón.

Thoth y Hermes se conocen como la misma persona, y su libro contiene una colección de figuras cabalísticas para obtener efectos mágicos, lo cual se identifica plenamente con el Tarot en general y de manera especial con los veintidós "Arcanos mayores" del tarot.

Existen numerosos Tarots, entre ellos, el más popular y que sin discusión utilizará todo buen echador, es el Tarot de Marsella. Este Tarot marsellés, fue reeditado por un impresor en el siglo XVIII empleando grabados sobre madera realizados mucho tiempo antes. También tenemos que mencionar el Tarot de París, el Tarot alemán y el Tarot de Etteila.

El tarot comporta muchas anécdotas históricas, como la de María Antonieta consultando estas cartas y descubriendo que su cabeza iba a ser cortada en la guillotina al día siguiente.

También es destacable la historia del Duque de Milán, Visconti Sforza, en 1415, que encargó a Bembo una baraja en la cual, según dicen, aparecía reflejada una antepasada suya, Manfreda Visconti. Recordemos que Manfreda Visconti fue condenada a morir en la hoguera al ser nombrada papisa –carta número dos del Tarot–, por orden de las Guglielminas, decididas a acabar con el papado.

Desde las cartas de Bembo hasta las diseñadas por Salvador Dalí, se han ideado multitud de estas barajas que, sin embargo, se han mantenido en la tradición de sus orígenes conservando los símbolos de las veintidós tablas de Thoth.

UNA FINALIDAD ADIVINATORIA

Hay numerosos libros sobre la historia de la cartomancia, pero todo aquel que quiera hacer un estudio riguroso de las cartas y su finalidad adivinatoria, no puede prescindir de leer *Le tarot* de Papus, publicado en

París en 1889; *Origine des cartes a jour* de Merlín, publicado en 1869; y *Le grand Etteila ou l'art de tirere les cartes,* de Julia Orsini, publicado en 1853.

Sean las antiguas cartas de tarot, sean las cartas francesas del reinado de Carlos VII, o la baraja española con sus bastos, espadas, copas y oros, todas han tenido y tienen dos funciones principales: una diversidad de juegos y una pluralidad de sistemas adivinatorios.

Podríamos pensar que la adivinación con las cartas es un procedimiento que aprovecha la ingenuidad de un público inculto, creyente de viejos artilugios de adivinación. Sin embargo, artistas y economistas son los profesionales más propensos a llamar a la puerta de las echadoras de cartas para averiguar su porvenir.

De entre toda esta clientela, unos lo hacen por curiosidad y los otros para conocer su estado financiero en los próximos meses o sus éxitos artísticos. Así no debe sorprender ver a jóvenes ejecutivos barajando las cartas y buscando en la diversidad de sistemas de adivinación, una próxima revalorización de las acciones en la bolsa o un alza del dólar o marco alemán.

El arcano El Mago, del tarot de Dalí, en el cual puede verse su imagen en el centro de la carta.

2
El arte de tirar las cartas

La cartomancia no es ciencia sino arte. No es ciencia porque no se puede medir, porque sus resultados no siempre son exactos; por eso dicen los buenos cartomantes que su trabajo, su práctica esotérica, no es más que una labor artesanal, en la que se pretende conectar con algo desconocido para obtener una respuesta o consejo sobre una serie de cuestiones.

Los Autores

PARA PRACTICAR LA CARTOMANCIA, ES NECESARIO SEGUIR UNAS REGLAS O PAUTAS MÍNIMAS QUE AYUDARÁN MUCHO TANTO AL CARTOMANTE COMO AL CONSULTANTE.

LA IMPORTANCIA DE LA ACTITUD MENTAL

Practicar la cartomancia no es ponerse delante de una mesa con un mazo de cartas y esperar resultados, es tener una actitud mental y una preparación, relativamente fácil de conseguir.

Independientemente del método a seguir para realizar una lectura de las láminas, siempre es recomendable que el cartomante se someta a una leve preparación anímica. Esto no consiste en realizar extraños rituales u oraciones sino en adaptar la mente al momento y la situación, es decir: estar receptivo a los mensajes subliminales que el destino ofrece y transmitir físicamente al mazo de cartas esas vibraciones. Por ello, es recomendable que antes de proceder a una lectura de cartas se medite en la acción durante unos minutos, dejando la mente en blanco, respirando tranquilamente, sintonizando así con el cosmos.

Un buen ejercicio para conseguir relajarse antes de sintonizar con las cartas sería: sentarse cómodamente delante del mazo de cartas, apoyando los dos brazos sobre las piernas y realizar durante unos cinco minutos, (aunque a determinadas personas les bastará con la mitad, mientras que otras precisarán algo más de tiempo), una serie de inspiraciones y expiraciones de hasta cinco segundos, es decir: inspirar aire por la nariz durante cinco segundos, retenerlo otros cinco y expulsarlo por la boca el mismo espacio de tiempo. Cuando el cartomante esté relajado debe prepararse para entrar en sintonía con sus cartas, para ello se limitará a mirar el mazo sin intentar percibir nada, dejando que la mente fluya, permaneciendo así unos minutos más.

Con el tiempo y la práctica esos ejercicios se reducirán a breves momentos de concentración y relajación, de hecho las personas que se dedican a tirar las cartas consiguen esa armonía en muy poco tiempo, aunque también es verdad, que otras equivocadamente, toman sus cartas sin preparación alguna, las tiran sobre el tablero e interpretan inmediatamente. Dudamos que los resultados que puedan ofrecer sean tan altamente fiables, ya que la videncia o capacidad de conectar con ese algo desconocido, no consiste en pulsar un botón mental y comenzar a interpretar de forma automática unas láminas.

ELECCIÓN DEL
SISTEMA DE INTERPRETACIÓN

El segundo punto a seguir consiste en que el futuro adivino o cartomante, seleccione el sistema de interpretación con el que más a gusto trabaje. Evidentemente hablamos de los sistemas de interpretación general, no de aquellos cuya utilidad es para una tema específico.

De entre los numerosos sistemas que existen, hemos seleccionado los más creativos y completos, pero a pesar de esta extensa variedad, cabe la posibilidad de que el lector decida no adoptar alguno en concreto, bien porque le parezca demasiado complicado o simplemente porque no sintonice con él.

No debe preocuparse, los buenos adivinos siempre acaban por desarrollar su propio sistema, generalmente basado en otro raíz.

El lector podrá tomar los diferentes sistemas que se incluyen en este libro como raíces y con el tiempo realizando las oportunas variedades, llegar a crear el suyo propio.

Lo importante es que para empezar se decida por alguno. Recomendamos que analice uno a uno todos los expuestos, se fije no sólo en las posibilidades interpretativas que muestra cada uno de ellos, sino también en la forma geométrica con que acaba definiéndose la tirada y cuando encuentre aquel que mejor vibre o sintonice con él, será el momento de adoptar el sistema como propio.

Aquellos lectores que tengan algo más de prisa, deberán saber que todos los sistemas son buenos y correctos y que si no se deciden por uno al principio, ello no significará que no puedan realizar intentonas de adivinación, puesto que las cartas, bien tratadas y armonizadas con la persona, siempre responden.

EL ARTE DE BARAJAR Y CORTAR

Este es otro de los muchos puntos de discrepancia entre los cartomantes y otro de los aspectos importantes a seguir antes de proceder a tirar las cartas.

Cada adivino acaba barajando y cortando las cartas a su manera, sin embargo es bueno saber que el mejor sistema de barajar las cartas, es aquel que permite que se entremezclen de forma derecha e invertida unas con otras. Para esto lo más indicado es depositar el mazo completo sobre la mesa y con las dos manos y en el sentido de las agujas del reloj, moverlas efectuando círculos, como si de un juego de dominó se tratase. En cuanto al mejor sistema para cortar las cartas decir simplemente que no existe, el mejor es aquel que hace sentir más cómodo al cartomante. De todas maneras, las diferentes tiradas sugieren algunas pautas y en casos de inexperiencia esas son las mejores a seguir.

Es necesario recordar que siempre deben cortarse las cartas con la mano derecha, que es la que está en armonía con el universo, mientras que para otras personas lo mejor es realizar esta operación con la mano izquierda, que se supone conecta con el inconsciente. Nuestra recomendación es la primera.

MEDITACIÓN SOBRE LA PREGUNTA

Aunque como decíamos anteriormente siempre hay una respuesta, lo mejor es que el consultante y el consultor, tengan una idea muy clara de lo que desean saber. Atrás ha quedado ya eso de "a ver que dicen las cartas" y de conocer la "buena ventura". Los tarotistas no son sino "asesores humanísticos", e incluso consejeros. **Son personas que escuchan, observan y después asesoran o aconsejan en función de lo que están percibiendo de las cartas que tienen delante.** Para que la consulta se desarrolle de forma correcta, es necesario saber qué temas se desean conocer y así se podrán enfocar mucho mejor las preguntas que surgirán conforme las cartas den respuesta. De ahí que se haga necesario que el consultante tenga muy claro lo que desea saber y si no, deberá meditar sobre los problemas o cuestiones que le preocupan.

3
Los diferentes sistemas de tirar las cartas

En la actualidad existen en el mercado tapetes apropiados para depositar y echar las cartas del Tarot. Algunos de ellos incluso llevan impreso en él las tiradas más generalizadas.

Los Autores

Todos los sistemas para tirar las cartas son correctos, incluso otros que pudieren existir y que no son citados en este libro.

R. Plana

NO CABE NINGUNA DUDA EN AFIRMAR QUE SI EL TAROTISTA SE ENCUENTRA EN UN ESTADO MODIFICADO DE CONCIENCIA, EL RESULTADO DE LA TIRADA PUEDE SER MÁS POSITIVO.

SISTEMA DE RESPUESTA RÁPIDA SI O NO

De entre las muchas modalidades existentes para tirar las cartas y obtener una respuesta concreta de ellas, este es uno de los más rápidos y directos y sus respuestas no ofrecen dudas.

Para poner en práctica este sistema de consulta, el consultante deberá tener muy clara la pregunta que desea formular y emitirla lo más claramente posible, teniendo en cuenta que la respuesta no le dará pistas ni consejos sobre cómo debe actuar. Por supuesto tampoco es una respuesta imperativa, esto es, que deba seguirse al pie de la letra lo que manifiesten las cartas, que siempre son consejeras del destino y no dictadoras de decisiones.

Modo de proceder

El consultante se sentará cómodamente, sin cruzar las piernas y se concentrará durante unos segundos en el

mazo de cartas que tendrá sobre la mesa. Cuando tenga muy clara la pregunta a formular, la emitirá en voz alta tres veces. Acto seguido, tomará con la mano izquierda el mazo y lo cortará en cinco partes, formando cinco montones de izquierda a derecha.

A continuación levantará la primera carta de cada uno de los montones y observará si su posición es derecha o invertida; tomando como derechas aquellas que estén de cara al consultante e invertidas las restantes.

Valoración de resultados

Para lograr saber la respuesta deberá tenerse en cuenta el siguiente aspecto: todas las que se encuentren derechas indicarán como respuesta **SI**, y las que estén invertidas **NO**.

Una vez efectuado el recuento, se tendrá en cuenta que la carta central tiene doble valor, es decir, que si se encuentra en posición derecha será igual a dos **SI** e invertida equivaldrá a dos **NO**.

Teniendo en cuenta la aclaración anterior ya podrán sumar los resultados y ver hacia qué lado se inclina la balanza.

Empate o duda del destino

Habitualmente se dice que las cartas siempre responden, sin embargo, en ocasiones parecen no querer hacerlo. Supongamos que como resultado de la tirada del Si o No, se obtiene un empate. En ese momento, el consultante retirará las cartas que ha descubierto de cada montón y descubrirá las del segundo, efectuando de nuevo una valoración como hemos indicado anteriormente.

Si se obtiene un empate por segunda vez, se retirarán esta cartas para proceder por tercera y última vez a conocer el resultado de la pregunta. Si en esta tercera vez resultase que de nuevo hay un empate, el consultante deberá entender que las cartas no le quieren responder o que quizá no es momento, o no está preparado para conocer la respuesta.

TIRADA ASTROLÓGICA

También conocida como el "Estudio Horoscópico" u "Oráculo Estelar". Esta es una de la formas de tirar las cartas más completa y enriquecedora que existe, puesto que permite ahondar en los más recónditos aspectos del consultante y su entorno, además de dar un consejo específico para cada uno de los temas tratados. Es también una tirada de meditación y reflexión.

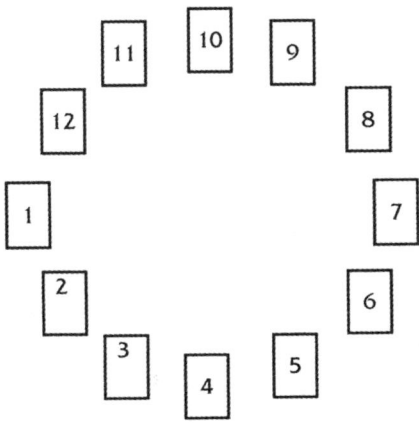

Preparación de la consulta

A diferencia de otros sistemas está pensado para realizar una consulta generalizada sobre diferentes aspectos como viajes, economía, trabajo, amor, etc., de ahí que no se haga necesario que el consultante se concentre en un tema concreto y se lo indique al consultante. Bastará simplemente con que medite unos segundos sobre su situación y sobre su deseo de conocer a nivel general el devenir de los acontecimientos.

Realizado este proceso el consultante tomará las cartas en su mano o las barajará sobre la mesa, para después depositar las cartas en 12 montones que distribuirá en sentido circular e inverso a las agujas del reloj, comenzando el primer montón a las nueve de un reloj imaginario.

El cartomante, tomará la primera carta de cada montón, separando el resto, haciendo que sean barajadas de nuevo y que una de ellas, la que quede encima del nuevo mazo, sea colocada en el centro del círculo que se habrá formado.

Significado de las casas astrológicas

Desde el momento de repartir las cartas en las diferentes posiciones, cada carta toma la vibración de una casa astrológica, concordando así con un signo zodiacal. Para interpretarlas correctamente deberá leerse siempre la síntesis de la carta teniendo en cuenta lo que más influye en todas las casas. También se leerán los otros apartados correspondientes a: salud, economía y amor en aquellas casas o posiciones astrológicas en las que se haga mención específica a estos temas.

CASA 1.- Esta es la Casa de Aries.
Representa el interrogador o consultante y su presente puro, es decir sus problemas más acuciantes en el aquí y ahora.

CASA 2.- Esta es la Casa de Tauro.
Habla sobre el dinero y la situación económica con el consultante

CASA 3.- Esta es la Casa de Géminis.
Representa los viajes, desplazamientos de negocios y placer y todo lo relacionado con la comunicación, ya sea de pareja como laboral.

CASA 4.- Esta es la Casa de Cáncer.
Representa el entorno familiar del consultante, ya sea en su casa como en la de otros familiares o amigos muy cercanos.

CASA 5.- Esta es la Casa de Leo.
En ella aparecen los placeres más ocultos y prohibidos, así como las ambiciones secretas del consultante.

CASA 6.- Esta es la Casa de Virgo.
Habla sobre la salud del consultante.

CASA 7.- Esta es la casa de Libra.
Hace referencia al mundo sentimental y con él a las amistades que buscan ser algo más, al matrimonio y a todo tipo de compañía íntima.

CASA 8.- Esta es la Casa de Escorpio.
Habla de los tránsitos, las revoluciones, herencias, dotes y enfermedades de personas del entorno del consultante.

CASA 9.- Esta es la Casa de Sagitario.
Representa la filosofía, sueños e ilusiones del consultante. También se refiere a las relaciones diplomáticas y proyectos laborales.

CASA 10.- Esta es la Casa de Capricornio.
Se refiere al terreno profesional y laboral en el que se desarrolla la carrera o vida del consultante.

CASA 11.-Esta es la Casa de Acuario.
Se refiere a las amistades y compromisos adquiridos en todos los terrenos menos en el laboral.

CASA 12.- Esta es la Casa de Píscis.
Como en la de Leo aunque en mayor medida, habla de todo lo que está relacionado con las preocupaciones internas del consultante.

TIRADA DE LA PIRÁMIDE

Se denomina tirada de la pirámide por la posición como colocamos la cartas sobre la mesa, es decir una forma escalonada con una amplia base de cuatro cartas y diferentes pisos hasta llegar a una sola carta. Es decir, base con cuatro cartas, siguiente con tres, siguiente con dos y última con una.

Se trata de una tirada no para realizar una lectura general, sino mas bien para abordar un problema específico o una pregunta concreta. Para ello elegiríamos diez cartas y las colocaremos en el orden indicado. Para la lectura procederemos a realizarlo por hileras empezando por el vértice de la pirámide, es decir por la carta que se encuentra solitaria en la cúspide.

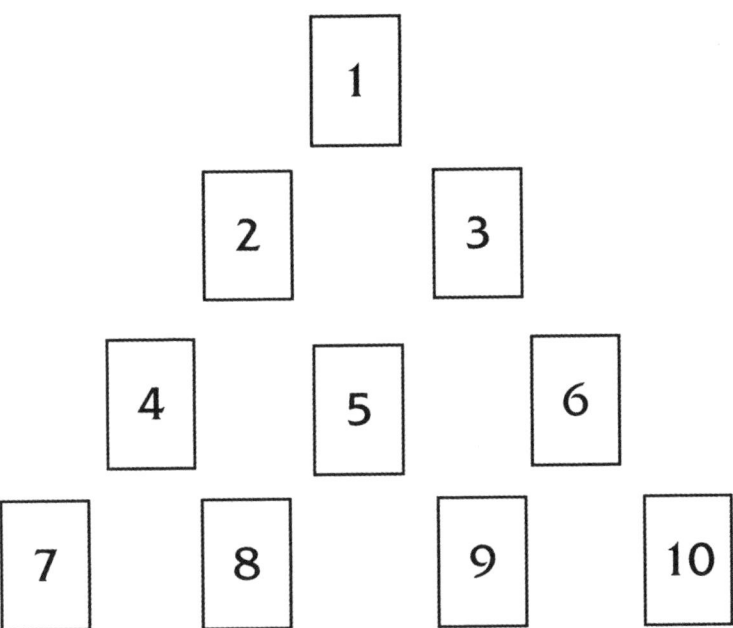

La primera carta nos revelará los aspectos dominantes o influencia actual de la lectura. Será la carta con más fuerza y la que predominará sobre todas las demás, marcando el ritmo de la lectura de las siguientes e influyendo en ellas.

Pasaremos seguidamente a las dos siguientes cartas, que nos indicarán las opciones o alternativas que posee el consultante en el momento de realizar esta tirada. Puede ocurrir que las dos opciones sean casi iguales lo que indicará al consultante que, ante el problema que se enfrenta, sólo tiene una alternativa. Generalmente son dos las alternativas que se presentan muy diferenciadas, en ese caso el consultante tendrá que elegir entre la que sea más adecuada, teniendo en cuenta la primera carta que es la predominante en toda la tirada.

Las tres siguientes cartas representan las fuerzas subyacentes que han dado lugar a la situación con la que se enfrenta. El consultante verá a través de ellas que son muchos los factores que se mezclan en un solo problema, y que todo está interrelacionado. A través de estas tres cartas podrá tener una imagen general de la problemática y los factores que inciden en ella.

Las cuatro últimas cartas indican la mejor manera que tiene el consultante de afrontar y resolver la situación al problema que le afecta. El consultante tendrá que escoger sabiamente entre las diferentes alternativas para resolver el problema, y a la vez tendrá que tener en cuenta la carta primera, que es la predominante y que le servirá como consejera en la elección de una nueva carta que marque el camino de la resolución.

TIRADA DE LA CRUZ MÍSTICA

Esta tirada tiene la forma de una gran cruz proporcional en cuanto al número de cartas por brazo, pero desproporcionada en cuanto al tamaño, ya que todas las cartas deberán disponerse de forma vertical, y por tanto los brazos de la derecha y de la izquierda de la cruz serán más cortos.

Utilizaremos para esta tirada trece cartas que iremos colocando verticalmente de arriba abajo y luego de izquierda a derecha. La hilera de cartas vertical se debe leer de arriba hacia abajo, su contenido se refiere siempre a la situación actual del consultante. La hilera horizontal de cartas deberá leerse de izquierda a derecha, y esta hilera hará siempre referencia a las influencias que afectarán al consultante ante la situación actual consultada.

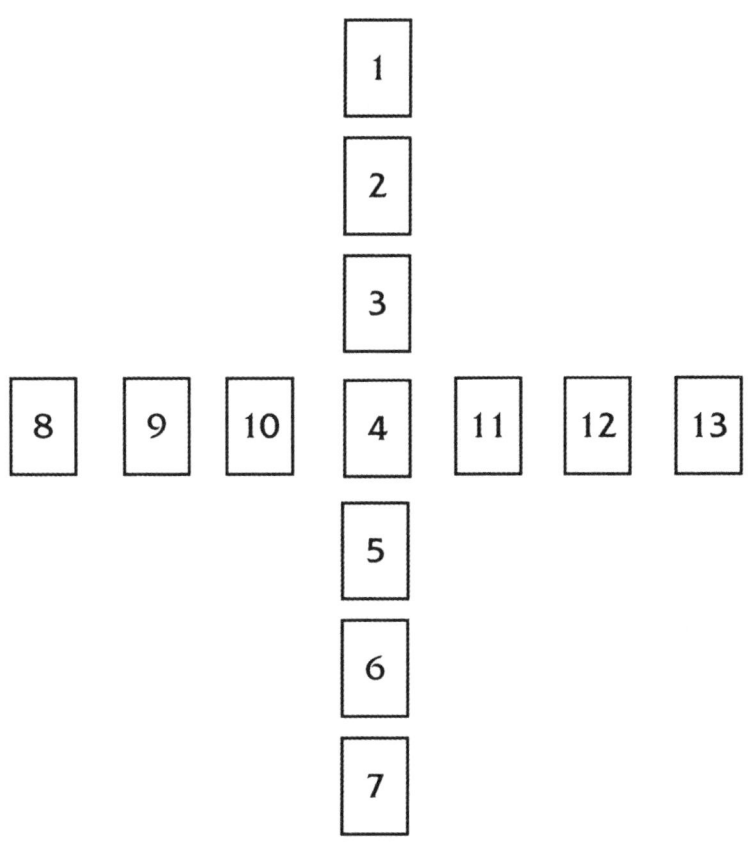

Inicialmente, para esta tirada, elegiríamos un significador, es decir una carta que representará este concepto. Una vez elegido lo barajaremos con las doce cartas restantes y luego las dispondremos en la forma de la Cruz Mística tal y como hemos indicado.

Si el significador aparece en la hilera vertical de cartas significará que el consultante se encuentra a merced de los acontecimientos o situación que le rodea y que difícilmente puede realizar algo para remediarlo. Si, por el contrario, el significador aparece en la hilera horizontal, significa que el consultante controla correctamente la situación.

Finalmente, destacar que en esta tirada la carta central, la que se encuentra en el centro de la cruz, representa el factor alrededor del cual gira toda la situación de la consulta que estamos realizando. Esta carta es la clave del asunto que se está considerando. Puede ocurrir que el significador aparezca en este lugar, en ese caso debemos de repetir la tirada nuevamente hasta que ocupe una hilera vertical u horizontal.

TIRADA DEL CÍRCULO CELESTIAL

Para esta tirada utilizaremos trece cartas que deberán disponerse en círculo en posición vertical cada naipe. Para disponer las cartas lo haremos como si tuviéramos ante nosotros un reloj gigante y colocásemos cada carta en una hora de este reloj. Las iremos colocando en el sentido de las agujas del reloj. La última carta, la número trece, se colocará en el centro de este círculo.

Para comenzar la lectura empezaremos precisamente por la carta central, que una vez descubierta indicará la influencia dominante para los doce meses del año, ya que cada una de las restantes cartas representa un mes. Si la carta central resulta ser una Arcano Mayor, significará las influencias subyacentes del año que tiene por delante.

Luego procederemos a leer las doce restantes cartas, empezando por la que teóricamente estaría situada encima de la primera hora del día, es decir, la una; esta carta representará al mes de enero. Y así las sucesivas cartas

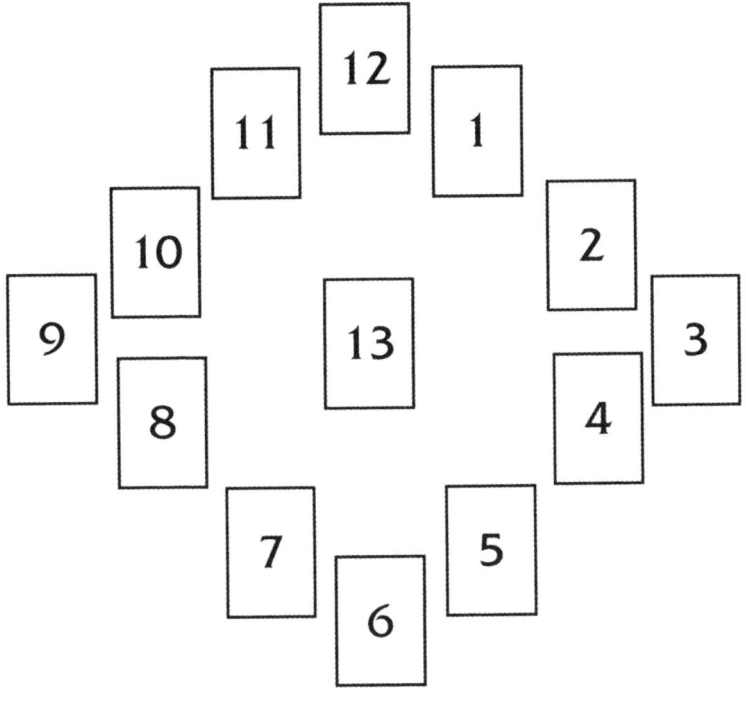

serán febrero, marzo, abril, etc. Cada una de las cartas desvelará, independientemente de la fecha, el factor más dominante de la vida del consultante en ese mes. La consulta servirá para indicarnos qué factores nos van a afectar en el transcurso del mes, y aquí deberemos desvelarlos a través del conocimiento que tenemos de cada una de las cartas del Tarot.

La carta siguiente, la situada sobre la hora dos será febrero, y así seguiremos aplicando el mismo sistema hasta que hallamos completado el año. Siempre deberemos recordar que la carta central será predominante y que si ésta representa el amor, quiere decir que influirá en el resto de las cartas durante todo el año, y habrá que buscar una relación de cada carta mensual con este hecho predominante.

TIRADA DE LAS VEINTIÚN CARTAS

Esta tirada es también conocida popularmente como la tirada de "la gitana"; se trata de una tirada que se remonta a muchos años atrás y que posiblemente fue introducida por los gitanos húngaros en su caminar por Europa. Tiene el inconveniente de que, pese a su sencillez, su precisión está basada en el conocimiento del consultante y la interpretación que efectuará sobre los significados individuales de cada carta, así como también de la capacidad de relacionar las unas con las otras.

Las cartas, empezando por la izquierda, se dispondrán en tres hileras de siete naipes cada una. Un sistema, como ya hemos indicado, sencillo en cuanto a la forma de tirarlas.

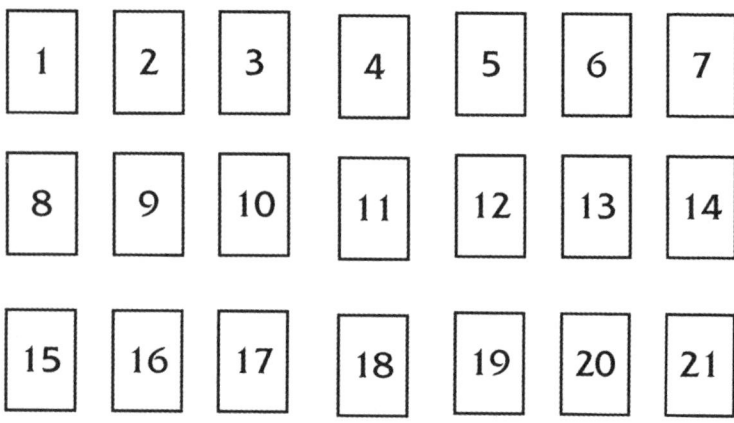

La hilera superior de cartas representará las influencias pasadas y los acontecimientos recientes que nos han llevado a la situación de la consulta.

La hilera de en medio representa las circunstancias presentes del consultante, sus sentimientos, sus deseos, sus esperanzas y otros factores importantes referentes a la consulta que se realiza. Pero al mismo tiempo esta hilera también indica las posibles alternativas a tomar, así como las oposiciones que encontraremos en ellas y las oportunidades que surgirán en todo este complejo recorrido.

Finalmente, la última hilera, es decir la inferior, trata sobre la posible resolución de la situación actual. El consultante tiene que interpretar cada hilera de forma independiente, según las cartas que vaya descubriendo. También debe realizar una lectura general que le proporcionará qué acontecimientos le llevaron a la situación actual de la consulta y las elecciones o decisiones que debe tomar para poder resolver el problema de una forma adecuada.

TIRADA DEL CUADRO MÁGICO

En esta tirada procederemos como en la tirada de la Cruz Mística, a buscar un significador, una carta previamente escogida y conocida, que barajaremos con las ocho restantes cartas, haciendo un total de nueve.

Las cartas se dispondrán, empezando por la izquierda, en tres hileras de tres cartas cada una. Su interpretación dependerá exclusivamente de la posición que ocupen en dicho cuadro mágico.

La primera carta representa la individualidad, afecta a nuestra situación en el momento de realizar la consulta.

La segunda carta se refiere a las influencias externas y también a los factores inesperados que pueden surgir.

La tercera carta aborda los factores ambientales, tales como la familia, el hogar, los amigos, etc.

La cuarta carta contiene las esperanzas y temores del consultante con respecto al asunto que le ha llevado a la tirada.

La quinta carta nos ofrece las alternativas u opciones al problema, que en algunos casos pueden ser oportunidades e incluso desafíos.

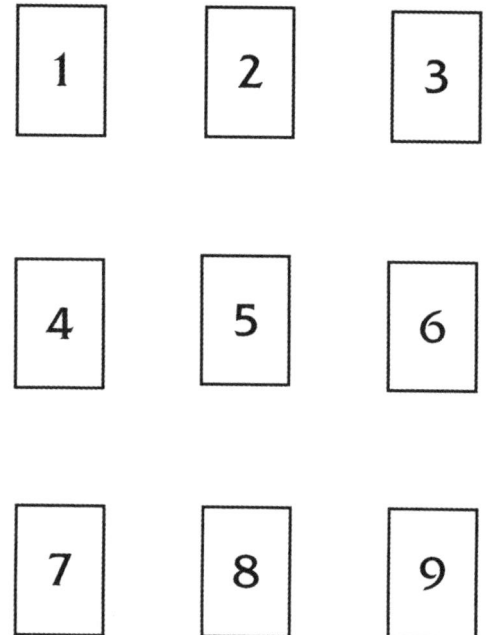

La sexta carta tiene relación con las creencias y aspiraciones del consultante con respecto al problema.

La séptima carta nos ofrece el abanico de los factores limitadores o los factores contrarios al proyecto o problema que nos afecta.

La octava carta son las influencias positivas, todo aquello que ayudará al consultante a llevar a buen término su proyecto.

La novena carta se refiere a las posibilidades del consultante, su fuerza, su potencia ante el problema.

Para realizar la consulta debemos hacerlo en dos direcciones, primero la horizontal.

La hilera superior nos dará una imagen general; la hilera del medio representa la actitud del consultante, y la hilera inferior indica las posibilidades de éste.

La siguiente forma de lectura será la vertical. Así, en la primera hilera vertical de la izquierda, tendremos que cada carta representará las diferentes facetas de la naturaleza del consultante.

La hilera central se referirá a los factores más importantes que el consultante debe tener en cuenta para tomar las decisiones oportunas. Y la hilera final le marcará las oportunidades y decisiones favorables.

El Cuadro Mágico tiene una posición especial que es la carta central. Esta carta está íntimamente relacionada con las demás y es el punto crucial y potencial del consultante.

TIRADA BOHEMIA

Siete cartas componen la denominada Tirada Bohemia. Su disposición es sencilla. Se empezará por la izquierda, situando en forma vertical cuatro cartas escalonadas hacia arriba, las tres restantes también estarán escalonadas pero hacia abajo.

Es como si realizáramos una "V" invertida, en la que habrá una carta central.

En esta tirada las cartas deben de leerse de forma individual, así cada carta tendrá un significado concreto. La primera carta se refiere al entorno hogareño del consultante y a todos los asuntos domésticos que implica este entorno, es decir, los bienes materiales, los posibles traslados de hogar, las reformas o compras relacionadas con la casa, etc.

La segunda carta se refiere a las influencias actuales, las preocupaciones o temores que tenga el consultante en el momento de realizar la tirada.

La tercera está relacionada con todo los referente al amor, a la amistad, a las relaciones sentimentales y también a los negocios, pero hay que tener en cuenta que también nos aporta datos sobre nuestros enemigos.

La cuarta carta son las esperanzas finales del consultante, se refiere concretamente a lo que éste espera o desea que se produzca.

La quinta carta nos hablará de todos los imprevistos que surgirán en nuestro camino y que obstaculizarán los objetivos que pretendemos alcanzar.

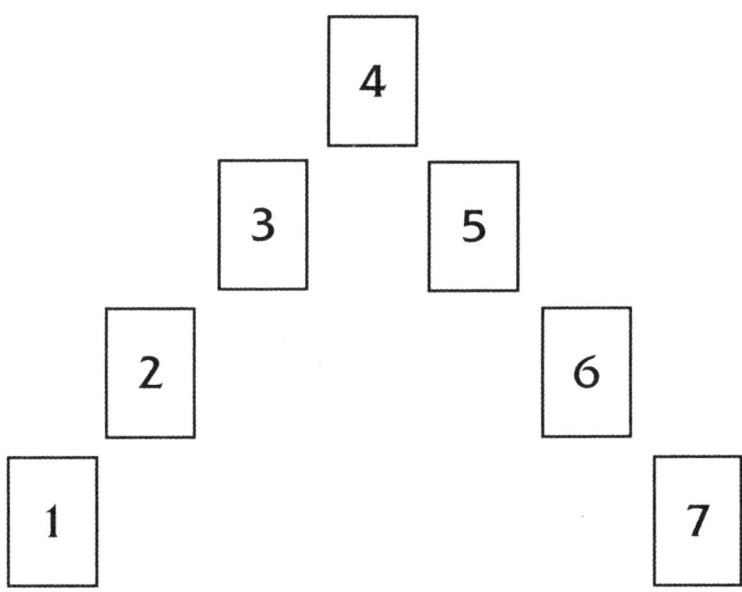

La sexta carta está en relación con los acontecimientos importantes, sus posibilidades y sus probabilidades de que acontezcan precisamente en estos momentos.

Finalmente la séptima carta comporta las influencias positivas que el consultante deberá aprovechar y utilizar para llevar a feliz puerto sus deseos.

LA TIRADA DE LA CRUZ CELTA

En esta tirada, como ya hemos hecho en anteriores, utilizaremos un significador, que colocaremos, boca arriba, antes de barajar el resto de la cartas que con el significador serán once en total.

La primera carta la colocaremos sobre el significador tapándolo totalmente. La segunda carta, sobre las dos últimas indicadas, pero atravesada. El resto de las cartas procederemos a colocarlas como si alrededor de las ya mencionadas tuviéramos un reloj. La tercera carta, sobre las 12 horas, la cuarta, sobre las 3 horas, la quinta, sobre las 6 horas y la sexta sobre la nueve horas. Las restantes cuatro cartas, las colocaremos a la derecha formando una hilera vertical, pero empezaremos la colocación por abajo, es decir la séptima la primera, y la de arriba de todo la décima.

Cada carta, en esta tirada, tiene un significado determinado e individual que detallamos a continuación:

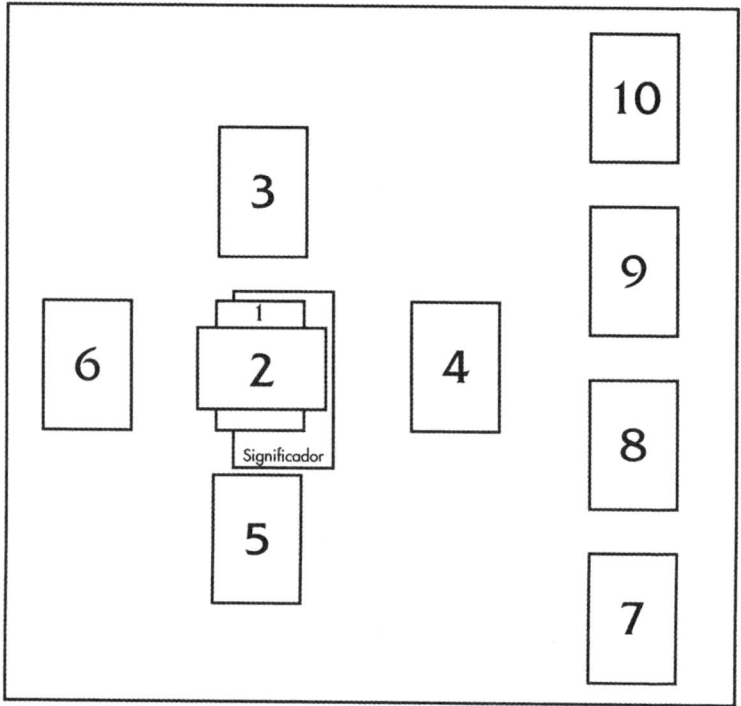

Primera: Indica la situación actual, los elementos que rodean al asunto que queremos consultar.

Segunda: Se refiere a las influencias inmediatas; en general son los obstáculos que aparecen en torno al asunto que consultamos y que son contradictorios.

Tercera: Tiene relación con los objetivos que pretendemos, es decir, nuestros deseos o esperanzas y lo que pretendemos lograr.

Cuarta: Nos ofrece una panorámica del pasado lejano, de las causas del asunto, los puntos de apoyo fundamentales del tema que consultamos.

Quinta: Aquí aparece el pasado reciente, especialmente el que está viviendo el consultante y que afectan primordialmente al problema de la consulta.

Sexta: Las influencias futuras tienen en este naipe un papel revelador, ya que ofrece las alternativas o caminos a seguir.

Séptima: Representa las esperanzas que puede tener el consultante.

Octava: Esta carta nos revela los factores ambientales, las ayudas y los obstáculos que tendremos.

Novena: Nos habla de las emociones internas, de los temores y las esperanzas que puede tener el consultante.

Décima: Esta carta nos ofrece el resultado final, la culminación de todas las demás cartas que han ido apareciendo a lo largo de la tirada.

TIRADA DEL ABANICO

Una tirada tradicional que requiere un método especial de trabajo. Empezaremos por elegir un significador, que se extraerá después de haber barajado convenientemente todas las cartas.

Las cartas, trece, se colocarán en forma de abanico, de izquierda a derecha con los bordes ligeramente superpuestos. El consultante elegirá de la baraja cinco cartas más que de izquierda a derecha se dispondrán como base del abanico, ligeramente separadas de éste y también entre ellas.

La lectura de las cartas se empieza por las que forman el abanico, y éstas marcarán las influencias subyacentes y las influencias actuales del consultante en el momento de la lectura. Con el significador, tomándolo como primera carta, se interpretará la quinta carta que se halla en la base y a la derecha, se hará los mismo con todas, excepto con el significador.

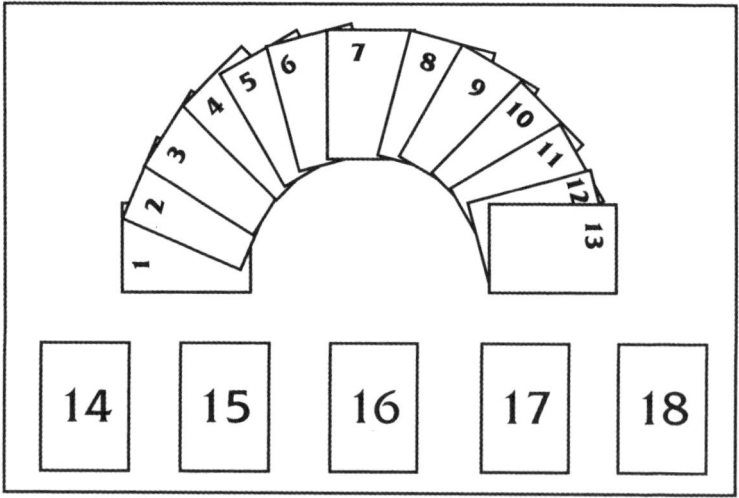

TIRADA DE LA ESTRELLA MÍSTICA

Estamos ante una tirada de origen muy antiguo, basada en la formación de estrella. Para realizar esta tirada precisamos 27 cartas más el significador, (por lo que deberemos utilizar dos barajas iguales) que se elegirá el

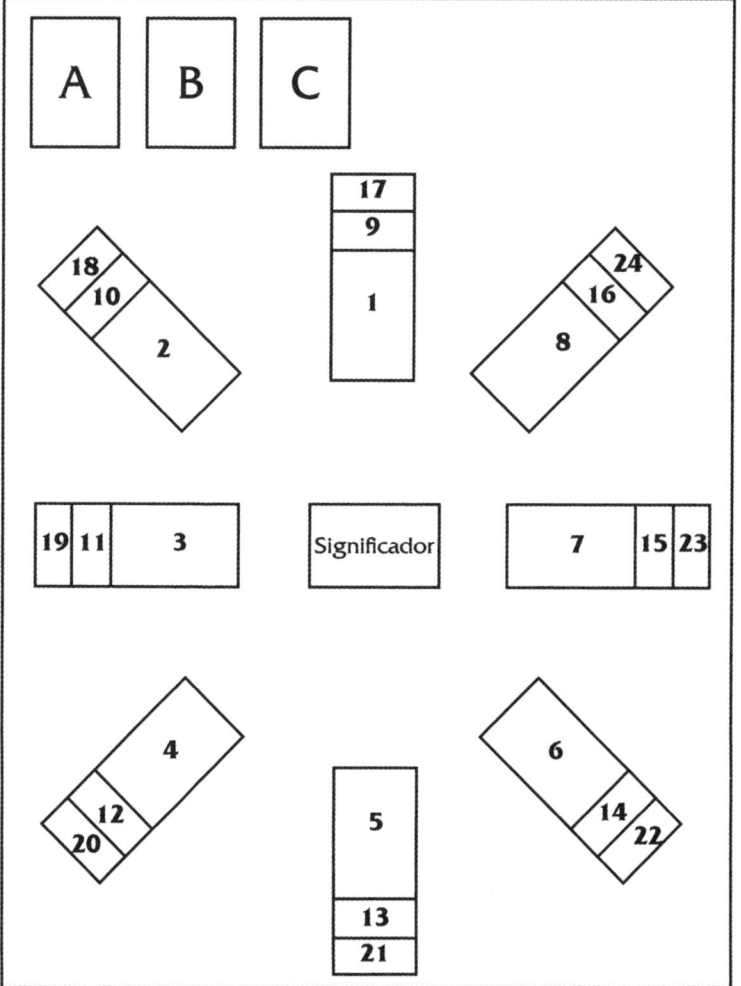

primero y se colocará en el centro de la mesa. Seguidamente se harán tres cortes del mazo después de barajar formando tres grupos y de cada grupo se elegirá una carta, tres cartas en total que colocaremos en una esquina de la mesa en una sola hilera. (A, B y C). Nuevamente barajaremos y escogeremos 24 cartas que colocaremos alrededor del significador girando en dirección contraria a las agujas del reloj, colocando la primera en las 12 horas, la segunda en las 10 horas, la tercera a las 9 horas, la cuarta a las 7,30 horas, la quinta a las 6 horas, la sexta en 5,30 horas, la séptima a las 3 horas y la octava a las 1,30 horas; seguiremos esta misma rotación colocando el resto de las cartas sobre las ya indicadas, de forma que sean visibles todas, lo que producirá ocho montones de tres cartas cada uno.

Las cartas deberán interpretarse en grupos de tres, primero de una en una y luego en conjunto, empezando por las cartas situadas fuera de la estrella, las hileras que hemos colocado en la punta izquierda de la mesa (A, B y C). Estas tres cartas son los indicativos sobre la situación o problemas del consultante.

Seguidamente se leen las cartas situadas alrededor del significador, inicialmente las primeras y luego se procede con los grupos de tres cartas en sentido contrario a las agujas del reloj.

TIRADA DEL ÁRBOL DE LA VIDA

Esta tirada también precisa de un significador que se elegirá antes de las diez restantes cartas. El significador se colocará sobre la mesa, frente al intérprete en posición horizontal, y a partir de ahí crearemos una primera hilera de cartas también en posición horizontal. La primera delante del significador, y tres más a continuación de este. Luego tres más en la parte superior creando otra hilera, y tres más en la inferior creando otra hilera. Las cartas deben de colocarse en el siguiente orden. 1 en hilera central, 2 en hilera superior, 3 en hilera inferior, 4 en hilera superior, 5 en hilera inferior, la 6 tras el significador en la hilera central, la 7 en la hilera superior, la 8 en la inferior y la 9 y 10 en la central.

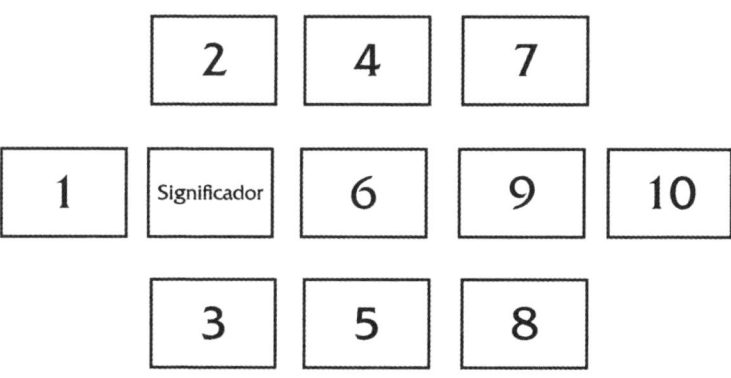

Cada carta tiene su interpretación particular, por lo que tendrán que leerse separadamente.

1. Se refiere a los objetivos y aspiraciones que tiene el consultante.

2. Tiene relación con la sabiduría, la experiencia y otros factores que pueden ayudar al consultante.

3. Hace mención a la naturaleza de los obstáculos que tendrá que superar el consultante.

4. Habla de las influencias positivas que afectarán al asunto que plantea el consultante.

5. En este caso son las influencias negativas las que se revelan en esta carta.

6. Hace referencia al factor clave del problema que hay que resolver. Es una carta destacable en la tirada.

7. Desvela las acciones y reacciones conscientes del consultante y que pueden afectar al problema presentado.

8. Esta carta tiene relación con los factores ambientales o externos que no domina el consultante.

9. Se refiere a las esperanzas o deseos del consultante, incluso también las influencias ocultas que pueden afectar el resultado.

10. Esta carta ofrece el resultado final del asunto que se está tratando.

NO ES CONVENIENTE ABUSAR DEL "TAROT", PUES PODRÍA CREAR CIERTA DEPENDENCIA ANULANDO ASÍ LA PERSONALIDAD DEL INDIVIDUO.

4
Significado e interpretación de cada uno de los Arcanos Mayores del Tarot

ARCANO NÚMERO I

EL MAGO

Interpretación general:

Derecha: Estás convencido de tu energía y poder. Fuerza de voluntad en el trabajo. Sorpresas de amor.

Invertida: Prudencia en el gasto. Peligro de estafa. Cambios amorosos. Falta de apoyos en el trabajo.

Este primer arcano está representado en las láminas del tarot por un mago, juglar o prestidigitador, de sexo indefinido frente a una mesa rodeada de objetos.

Representación general

El Mago representa el principio de la obra o la empresa, el inicio de cualquier cosa. Así es por tanto la iniciativa, creatividad, inteligencia, astucia, la confianza en sí mismo, la vitalidad y también la acción emprendedora.

Simbolismos principales

Su sombrero en forma de ocho es la figura pitagórica del infinito. Su varita simboliza pues el poder mental, la recepción de la energía cósmica. La llave sobre la mesa es la que abre la actividad, y la mesa de tres patas simboliza la tríada y con su color marrón es la tierra, el lugar de trabajo. Las monedas de oro no son otra cosa que los tesoros de la tierra.

Otros objetos como las copas o cuencos son receptáculos para contener la savia de la tierra o el saber acumulado. El cuchillo o la daga es uno de los elementos que utilizará el mago para modificar el entorno y el cestito con hierbas es la armonía de la naturaleza.

El Mago también tiene diversos simbolismos: sus zapatos de tacón representan actividad y su cinturón divide el mundo en superior e inferior. La carta también incorpora la letra hebrea Beth.

Meditación

En el ejercicio de meditación con esta carta hay que visualizar el Mago al tamaño natural, como si tuviésemos delante un ser de nuestras dimensiones. Una vez conseguido este primer paso nos introduciremos en el interior del mundo que rodea a esta carta, sintiendo estos espacios como un nuevo lugar con sus olores y luminosidad.

Una vez en el interior de este arcano nos identificaremos con su personaje, viviendo intensamente su postura y los objetos que le rodean, sintiéndonos un mago como él y poseyendo sus facultades. Para conseguir este último objetivo trataremos de despertar nuestros poderes potenciales, poderes que igual que el mago nos facilitarán la fuerza necesaria para actuar como él, y conocer aspectos esotéricos que sólo conoce el mago.

Tras esta meditación, de aproximadamente veinte minutos, regresaremos a nuestro yo, con la sensación de haber adquirido un nuevo conocimiento.

INTERPRETACIÓN PARA LA SALUD

Derecha: Manifiesta energía, poder, vitalidad, fuerza y augura períodos de recuperación bastante rápidos. También puede indicar períodos de actividad que podrían determinar estrés o tensión.

Invertida: Se configura como una carta de advertencia de posibles épocas de "flojedad emocional", que podrían dar como resultado una enfermedad de índole mental, también angustia, depresión, apatía, etc. Indica la necesidad de confiar en uno mismo.

INTERPRETACIÓN PARA EL TRABAJO

Derecha: El Mago nos habla siempre de la fuerza de voluntad, de la acción realizada luego de un buen pensamiento esquematizado y planificado con seguridad.

Esta carta nos indicará la necesidad del consultante en realizar proyectos y no sólo en esquematizarlos, sino además en ponerlos en marcha cuanto antes, independientemente de tener apoyos o no, aspectos que podrían determinarse con cartas como los Enamorados, el Mundo o incluso la Rueda de la Fortuna. La aparición del mago en cuestiones laborales habla de superación de problemas y consecución de éxitos, con la confianza en uno mismo.

Invertida: Recomienda la búsqueda de apoyos, sociedades, asesores y consejeros. Manifiesta falta de seguridad en uno mismo y sugiere la realización de proyectos y matización de los mismos antes de su puesta en marcha. Augura la necesidad de reciclajes, nuevos estudios y advierte del peligro de emprender acciones arriesgadas en las que al consultante le faltaría convicción y empuje.

INTERPRETACIÓN EN EL AMOR

Derecha: El Mago no es una gran carta de amor, como podría serlo la Estrella, el Sol, los Enamorados e incluso la Sacerdotisa, sin embargo nos habla de mantenimiento de relaciones y de potenciación de las mismas, de sorpresas creativas e imaginativas. Ante una consulta de problemas de pareja, la aparición de esta lámina en esta posición, indicará que la solución de los mismos sólo pasa por el consultante, que posiblemente tendrá éxito.

Invertida: Anuncia cambios, en función de las cartas del entorno incluso infidelidades, conviene vigilar su posicionamiento cerca de la carta de la Muerte, ya que ésta nos hablaría de evoluciones o involuciones en función de su posición. Augura falta de creatividad, en el amor, apatía y rutinas, también desconfianza.

INTERPRETACIÓN EN LA SUERTE Y EL DINERO

Derecha: Anuncia éxitos económicos, aunque moderados, sugiere inversiones a corto plazo y diversificadas y buen momento para la creación de sociedades económicas financieras. Podría anunciar aumento de ingresos con un Sol o la Rueda de la Fortuna cerca.

Invertida: Sugiere prudencia y ahorro y finales desagradables cerca de la torre. Avisa de peligro de estafas.

ARCANO NÚMERO II
LA SACERDOTISA

Interpretación general:

Derecha: ...Tienes toda la razón. Intuyes lo bueno y lo malo. Aparece un amor maternal y romántico.

Invertida: Prudencia en el trabajo y en el amor. Recomendación de ahorro y vigilar los gastos fijos.

El segundo arcano está configurado por una sacerdotisa sentada en un templo, manteniendo en sus manos el libro de la sabiduría.

Representación general

Representa a la mujer contradictoria, el dualismo, los opuestos. Es una mujer desafiando los poderes masculinos, y es a la vez cordura, maestría y medio, por el que se prodiga la sabiduría.

Simbolismos principales

En su mano derecha lleva el libro de los secretos, y en la izquierda las dos llaves, una de oro que simboliza la razón y la otra de plata que simboliza la intuición. Está sentada en la entrada del Templo de Salomón, entre las columnas Jakin y Boas, es decir, entre el fuego y el aire. Vemos que lleva un gorro en forma de hongo, que significa el conocimiento profundo a través de este elemento que cura (penicilina), que mata (Amanita phaloides) que nos alucina (Amanita Muscaris). Su manto azul significa prudencia y perseverancia. El velo indica misterio y las solapas amarillas, son un peto de protección áurica.

La aparición de la serpiente en la carta habla de la inteligencia de la Sacerdotisa, conoce el misterio del bien y del mal. La Papisa también simboliza la fecundidad. Esta carta corresponde a la letra beth del alfabeto hebreo y a la segunda Sefirah.

Meditación

Como ya hicimos con la carta anterior, en ésta tenemos que visualizar a la Sacerdotisa en su tamaño natural. Luego debemos penetrar en este arcano que al tratarse de una sacerdotisa nos puede transportar a través del tiempo, incluso inducirnos a regresiones que nos permitan ver toda nuestra vida y nuestros anteriores tránsitos por este mundo. Materializarnos con la Sacerdotisa nos permite también acceder a los oráculos profundos, nos abre una puerta a la premonición y a la visión de futuro. Estamos en una carta excelente para el trabajo de meditación que nos permite obtener respuestas a dudas sobre nuestro futuro. Recordemos que la sacerdotisa ha encarnado siempre ese aspecto de pitonisa, de adivinación. Por tanto, una vez hemos penetrado dentro de la carta, dentro del personaje a través de la visualización, también compartimos el poder de la sacerdotisa en conocer el futuro que nos depara.

INTERPRETACIÓN EN LA SALUD

Derecha: Anuncia posibilidad de embarazos, de hecho la sacerdotisa es también la configuración de la madre. Puede presagiar además cambios de metabolismo.

Invertida: Nos habla de pequeños problemas intestinales o gástricos, sugiere cuidar el estómago y en sí todo el aparato digestivo, por tanto también las dietas y los excesos en las mismas.

INTERPRETACIÓN EN EL TRABAJO

Derecha: La Sacerdotisa es una carta de poder y reflexión, más si en la tiradaaparece acompañada del Ermitaño, anunciará en este caso mucha prudencia en la toma de decisiones en el trabajo y elaboración de proyectos que finalmente verán la luz. Si el consultante posee ya el trabajo y la consulta es sobre una posbible continuidad o bien sobre aumentos de sueldo , la carta anuncia una buena consecución de los objetivos, aunque al consultante no se le regalará nada que no le sea merecido.

Invertida: Manifiesta la necesidad de utilizar al máximo la prudencia en temas laborales y sobre todo con su entorno: (compañeros de trabajo, socios, etc). También es una carta que habla del mal momento para concebir nuevos proyectos aventurados y si la encontramos junto al arcano de la muerte y está al revés, indicará involuciones e incluso pérdidas importantes de dinero.

INTERPRETACIÓN EN EL AMOR

Derecha: La Sacerdotisa es maternal y creadora. Nos habla de apariciones o potenciaciones de amores muy románticos, maternales de enorme ternura y dulzura. También de aventuras que a primera vista no pueden ser muy pasionales y sin embargo fructificarán enormemente, con importantes grados de aventura si la carta del Diablo está cerca y con mucha dulzura, casi de Romeo y Julieta, si la Luna o la Estrella están cerca de ésta carta.

Invertida: Indica la necesidad de la acción más que de la palabra. Sugiere prudencia en el planteamiento de conflictos de pareja que puede acabar en ruptura si el entorno no es el adecuado.

A modo complementario es interesante observar si las cartas de el Mundo o la Rueda de la Fortuna, en posición derecha están cerca, ya que en ese caso nos indicará que el entorno puede ser de gran ayuda para solucionar esos problemas.

En caso de futuro o de inicio de relaciones la carta sugiere o inclina al consultante a que espere un tiempo prudencial y aclare así poco a poco sus ideas.

INTERPRETACIÓN EN LA SUERTE Y EL DINERO

Derecha: Anuncia rendimiento de capitales invertidos y promete a medio y largo plazo la consecución de nuevos ingresos, seguramente fruto de inversión más que de trabajo.

Invertida: Es una carta que recomienda el ahorro, especialmente en aquellos gastos que acostumbran a ser fijos, de ahí que sugiera la prudencia en reformas en el hogar y el estudio bien detallado de cualquier tipo de presupuesto antes de su definitiva aceptación.

ARCANO NÚMERO III

LA EMPERATRIZ

Interpretación general:

Derecha: Ésta eres tú. Deberás ser firme de carácter. Una gran vitalidad en el amor. Buena suerte y dinero.

Invertida: Posible pérdida de poder. Disputas en sociedades. Riesgos en el trabajo de autónomos.

El tercer arcano nos muestra la figura de la Emperatriz vestida lujosamente. Mantiene en su mano derecha un escudo y en la izquierda un cetro o bastón.

Representación general

La Emperatriz constituye el símbolo de la imperiosidad de la fuerza física y moral. Representa la bondad, la fuerza de voluntad y el carácter firme.

Simbolismos principales

En su mano izquierda lleva un cetro y el bastón que representa el poder. Sobre su cabeza porta una brillante diadema de estrellas que simboliza los doce signos del zodíaco. Su cabello blanco denota que tiene experiencia y su mirada a la derecha reafirma su actividad como Emperatriz. En este arcano a veces aparece un águila en el escudo que lleva la Emperatriz, en otros casos vuela en el margen derecho de la carta. Esta águila significa poder, lo inalcanzable y el vigilante del castillo o la casa.

Para muchos expertos en Tarot el collar de la Emperatriz también significa esclavitud, es la femenina mujer amada, pero igualmente esposa aunque dependiente de su esposo el rey.

El ropaje de la Emperatriz, vestida de azul claro y de rojo, intercala los colores del pensamiento, la espiritualidad y la actividad. Vemos que tiene el pie apoyado sobre una luna creciente, para simbolizar su elevación por encima del mundo objetivo. Un arcano ligado a la letra Ghimel, a Binah la Sefirah de la inteligencia creadora.

Meditación

Tras una relajación visualizaremos la carta a tamaño natural y penetraremos en su interior, encontrándonos en el mundo de la Emperatriz. Esta es una carta típicamente para ser meditada por mujeres, ya que en la Emperatriz nos encontraremos a nosotras mismas, a nuestra función en el mundo, a nuestros deseos.

Esta es una carta regeneradora de la función femenina y de su papel transcendental en la sociedad y en el matrimonio. Al profundizar en estos elementos descubriremos la verdadera vocación interior y sabremos si realmente es satisfactoria en nuestra vida y si por el contrario debemos de cambiar. Una meditación que nos puede ayudar a reconocer el verdadero alcance del papel femenino que desarrollamos en la actualidad y sus efectos sobre la mujer.

INTERPRETACIÓN EN LA SALUD

Derecha: Nos habla de regeneración, rápida con la carta de la muerte en posición derecha cerca.

Pero además la emperatriz manifiesta la fortaleza, no solo del cuerpo sino también del ánimo y el alma.

Invertida: Recomienda una revisión general de todo el cuerpo, esto es un chequeo en profundidad, con especial cuidado en manos, pies y cadera.

INTERPRETACIÓN EN EL TRABAJO

Derecha: Nos habla de la necesidad de emprender, cuanto antes, la regeneración de los proyectos e incluso de la reforma con paso firme de lo ya establecido, de forma rápida y segura.

Si hablamos de futuro, esta carta augura para el consultante ascensos, especialmente cerca del arcano del Sol y también del Mago, pero cuidado, serán ascensos de prestigio, categoría y valía pero no necesariamente será un ascenso económico, pero si importante.

Invertida: Anuncia posibles estafas y riesgos laborales, de forma especial para quienes estén establecidos como empresarios o autónomos; también manifiesta inseguridad en los tiempos de trabajo temporales, advirtiendo sobre la posibilidad de rescisión o no renovación de contratos.

INTERPRETACIÓN EN EL AMOR

Derecha: Nos habla de vitalidad, fuerza y energía en la pareja que podrá precisar momentos de movilidad. Es una carta que anuncia posibles tensiones en el seno de la pareja, si no existe una continuada evolución hacia la consolidación de la misma. En consultas sobre la otra persona, se configura como de carácter fuerte, influenciable por los demás pero no influenciable por el entorno.

Invertida: La Sacerdotisa puede ser un poco peligrosa al revés, ya que se manifiesta como una pérdida de poder, inseguridad, falta de argumentos e incluso para el consultante que se interesa por el futuro de su pareja, anunciarle un riesgo de infidelidad, mucho más si aparece cerca de este arcano la carta del Diablo, en cualquiera de sus dos posiciones.

INTERPRETACIÓN EN LA SUERTE Y EL DINERO

Derecha: Anuncia mejorías en el capítulo de ingresos, incluso con posibilidad de suerte e ingresos de azar a través de los juegos si aparece cerca la Rueda de la Fortuna o incluso la carta del Mundo. Por lo que se refiere a ingresos fruto del rendimiento de trabajo, no anuncia grandes cantidades, aunque sí posibilidad de aumento de sueldo.

Invertida: Previene de posibles disputas en sociedades, recomienda prudencia en la inversión que debería realizarse en este caso a medio y largo plazo, nunca a corto y, mediante la búsqueda de asesores, si cerca de la carta aparece el Mago o el Sumo Sacerdote.

ARCANO NÚMERO IV

EL EMPERADOR

Interpretación general:

Derecha: Éste eres tú. Padre, dueño y señor. Gran responsabilidad, y todo te irá bien si actúas bien.

Invertida: Gran pesadilla. Pérdida de poder. Anuncia gastos imprevistos. En el amor aparecen dudas.

Nos encontramos con la primera carta en que aparece un hombre, en este caso un Emperador, de edad media y que se encuentra en actitud contemplativa.

Representación general

Una figura que representa la imagen patriarcal y guerrera. El rey que es a la vez el padre de todos, la fuerza y el poder del hombre que conserva la autoridad.

Simbolismos principales

En una mano lleva la esfera, el universo, en la otra tiene empuñado el cetro, que para algunos tarotistas hace alusión al poder del alma, aunque para otros se trata del simbolismo del falo y su poder engendrador. Su traje rojo corresponde al soberano de ideales sublimes y el poder de la energía masculina. Vemos que el rey lleva zapatillas como las del Mago, lo que simboliza que el soberano también está haciendo una obra, sin duda más terrenal. Su postura, con la mano en el cinto es desafiante y a la vez arrogante.

En su casco muchos tarotistas quieren ver un órgano femenino, por lo que significaría que en la cabeza del rey está el pensamiento de la mujer, como medio para reproducirse y mantener una dinastía tal vez legendaria. El Emperador pisa la hierba, lo que significa que en este arcano también florece el sentido de la magia. La riqueza que envuelve al Emperador son símbolos de situación bien definida. La carta está asociada al elemento tierra y corresponde a la letra daleth y a la Sefira Chesed.

Meditación

Como en los arcanos anteriores debemos visualizar la imagen de esta carta a tamaño natural, una vez conseguido esto debemos penetrar en su interior e identificarnos con la figura del Emperador, que es a su vez la figura arquetípica de la autoridad y del poder absoluto. Nos encontramos ante una meditación ideal para superar nuestros complejos de inferioridad, inseguridad, temores y timidez. Al identificarnos con el Emperador todos estos complejos que nos abruman deberán desaparecer, ya que en nuestro subconsciente se está representando la imagen contraria a estas posturas que nos embargan. Debemos pues, en esta meditación, pensar como el Emperador, embargarnos de su fortaleza, sentir que como él podemos conseguir nuestro objetivo y buscar fórmulas de acción para ello. La meditación en la figura del Emperador nos fortalecerá, nos dará autoridad y fuerza.

INTERPRETACIÓN EN LA SALUD

Derecha: Manifiesta la fuerza, la vitalidad y la energía. Es una carta que anuncia mejorías de salud en el presente, y reconstitución rápida en caso de post operatorios.

Invertida: Advierte de posibles peligros en brazos y piernas, fruto de caídas o accidentes sin demasiada importancia. De cara al futuro y si esta carta está cerca de los Enamorados o la Luna, nos está hablando de la conveniente revisión del aparato reproductor.

INTERPRETACIÓN EN EL TRABAJO

Derecha: Configura al consultante como una persona para trabajos de acción y mando, que difícilmente sabrá trabajar en equipo a no ser que esta carta esté junto a la del mundo. Esta lámina nos habla de la necesidad de tomar consciencia del carácter especial del consultante para el trabajo, ya que puede llegar a ser despótico en determinados momentos de incapacidad o inseguridad.

Invertida: El Emperador es la fuerza y la vitalidad, y cuando se invierte desaparece de forma muy rápida, por ello en esta posición la carta recomienda prudencia en los nuevos proyectos especialmente en su puesta en marcha, si no hay un buen equipo de trabajo. Digamos que en posición invertida es como si el consultante, la persona a la que se refiere la carta, estuviera ausente de poder de mando y por tanto de seguridad. Cerca del Carro o de la Torre, nos advierte de errores bastante fuertes, del pasado en el caso de que aparezca el primer arcano citado y actuales con el segundo.

INTERPRETACIÓN EN EL AMOR

Derecha: Presagia el inicio de amores más de índole sexual que románticos, advirtiendo que serán fugaces y de corta duración aunque de intensa actividad, tanto, que incluso el consultante podrá tener la sensación de estar descubriéndose a sí mismo. Cerca de la carta de la Luna, nos indica la aparición sucesiva de varios amores a la vez.

Invertida: Aunque ésta es una carta de fuerza y poder, cuando se encuentra mal aspectada como es este caso, estas dos características desaparecen y pueden volverse en contra del consultante, puesto que le anuncian momentos de complicación mental e incluso de grandes dudas, sobre la corrección de su carácter y posible actuación.

INTERPRETACIÓN
EN LA SUERTE Y EL DINERO

Derecha: Anuncia una buena temporada para tentar a la suerte. Indica también un momento no demasiado lejano, que será positivo para la recepción de ingresos por parte de bienes legales, herencias o pleitos del pasado. Si se tratase de un consulta sobre el futuro económico o de suerte y apareciera junto a este arcano el del Sol, encontraríamos que los beneficios pueden ser muy interesantes y suculentos, aunque posiblemente fraccionados en diversas recepciones.

Invertida: No nos dice gran cosa, se limita a aconsejar ahorro y predice gastos en el hogar, quizá derivados de pequeñas reformas o contrariedades domésticas.

ARCANO NÚMERO V

EL SUMO SACERDOTE

Interpretación general:

Derecha: El Sumo Sacerdote o Papa asume el poder. Un gran conocimiento es necesario para conseguir metas.

Invertida: Probables congelaciones del salario. Avisa al consultante de pedir consejo a un buen/a amigo/a.

Nuevamente estamos ante un arcano masculino. El Papa, que tambien puede significar el Sumo Sacerdote, interpretación que dependerá de las creencias de cada operador del Tarot.

Representación general

Vemos en este arcano la figura de un personaje anciano, suntuosamente ataviado, en cuyo fondo aparecen dos columnas y también dos pajes en posturas diferentes.

Simbolismos principales

El Papa o Sumo Sacerdote, lleva en la cabeza un sombrero que en algunas cartas tiene forma de hongo, lo que nos remite a la misma interpretación que el arcano II. En otras cartas es una triple corona que simboliza el discernimiento, y el cetro en su mano representa el poder. Las dos columnas que enmarcan la lámina representan el "non plus ultra".

Vemos también un cayado, la señal del peregrino o la gran experiencia en el camino, que se refuerza por la barba blanca del personaje. También aparece en la carta una rosa de cuatro pétalos, que simboliza las cuatro estaciones y los cuatro puntos cardinales.

En la carta aparecen dos pajes. Para algunos tarotistas el del traje rojo simboliza la actividad y el de traje negro la sumisión. Pero vemos que uno parece construir un muro y lleva en su mano un pergamino, símbolo del conocimiento adquirido.

El otro, el de la izquierda, ha nacido ya dotado, es algo que vemos en la importancia de que su mano es divina, ya que sale de la carta, lo que indica que ha nacido con un don. La letra hebrea es la hé, y el Sefirah Chomach.

Meditación

Tras el previo ejercicio de relajación, vamos a visualizar la carta a tamaño natural frente a nosotros, pero no solamente los personajes, sino también la estructura de la carta, pues en esta ocasión penetraremos en el interior de un templo, una ermita o una cripta. Es en ese lugar donde nos encontramos frente a nuestro consejero espiritual el Hierofante, a quien vamos a solicitar consejo sobre temas espirituales que comportan nuestra vida, ante situaciones difíciles de orden espiritual, o también le pediremos consejo sobre temas filosóficos que nos preocupen. Pero recordemos que hay otros personajes en la carta, y sobre todo un paje que ya ha nacido dotado y que su mano sale de la carta para entrar en nuestro mundo habitual, es él quien puede suministrarnos la comprensión de enseñanzas secretas u ocultas y ayudarnos a retornar a las fuentes.

INTERPRETACIÓN EN LA SALUD

Derecha: Anuncia la necesidad de establecer el equilibrio entre cuerpo y mente. Indica posibles fatigas en cervicales, cuello y nuca.

Invertida: Recomienda relajación, distensionamiento, prudencia en los esfuerzos físicos y aconseja un chequeo de las diferentes articulaciones.

INTERPRETACIÓN EN EL TRABAJO

Derecha: Nos habla de la recomendación de que el consultante busque ocupaciones reflexivas, tranquilas, en las que deba utilizar más su conocimiento que su intuición y su físico. Anuncia el momento de establecer juicios de valores de los que el consultante saldrá airoso siempre y cuando mantenga una actitud de constructividad, reflexión y prudencia. En las relaciones laborales con otras personas sugiere máxima individualidad.

Invertida: Se nos muestra como una carta de aviso, que aconseja al consultante la necesidad de encontrar ayudas y consejeros cerca, pero no en la familia sino entre sus amigos más íntimos. Anuncia además pequeños retrasos en la resolución de cuestiones planteadas con ansia excesiva.

INTERPRETACIÓN EN EL AMOR

Derecha: Nos habla del amor paternalista y protector, constructivo, armonioso y cálido. Indica que posiblemente el consultante podría encontrar o verse influido en su vida sentimental por una persona de mayor edad intelectual o espiritual, que no necesariamente física. Presagia también momentos muy espirituales, de mucha comunicación cerca de la carta de la Templanza y grandes decisiones cerca de la carta de la Justicia.

Invertida: No es una mala carta, de hecho no hay cartas buenas o malas, pero la aparición de este arcano invertido será ruptura por falta de entendimiento ante una pregunta de continuidad de pareja. Falta de diálogo como respuesta al ¿porqué no va bien mi pareja? Finalmente representaría la inmadurez e irresponsabilidad cuando hablemos de una consulta vinculada a infidelidades o a terceras personas; de hecho esta carta cerca a la Estrella en posición invertida, nos habla de aparición de terceras personas en la vida de la pareja.

INTERPRETACIÓN EN LA SUERTE Y EL DINERO

Derecha: Realmente si lo que el consultante está buscando es el ingreso monetario proveniente de juegos de azar, esta no es la mejor carta que podría aparecer, ya que únicamente nos habla en esta posición de la posibilidad del aumento de los ingresos por el trabajo.

Invertida: Anuncia posibles congelaciones de salario, y recomienda prudencia en los gastos inesperados, aconsejando la cotejación de presupuestos antes de realizar cualquier tipo de inversión.

ARCANO NÚMERO VI

LOS ENAMORADOS

Interpretación general:

Derecha: Unión entre un hombre y una mujer. Amor, sentimiento y pasión. Buena suerte en la economía.

Invertida: Carta que anuncia conflictos. Mucha prudencia en el hogar. El amor sigue siendo bueno.

Una carta cargada de simbolismos. Es el primer arcano en el que sus personajes principales son un hombre y una mujer. No cabe duda que nos encontramos ante una carta de unión.

Representación general

Vemos en esta carta a un hombre y una mujer y sobre ellos un ser supremo −sacerdote, rey, dios− que los observa. También aparece la presencia de los ángeles.

Simbolismos principales

En síntesis estos dos personajes simbolizan la voluntad del destino de amarse y la fertilidad creadora como objetivo final. El conjunto tiene como base el enamoramiento. Vemos sobre ellos el ser supremo, un rey, un Sumo Sacerdote, pero que está por encima de la obra que acontece entre los enamorados, igual que la estrella dorada que también está por encima e ilumina el gran acontecimiento de la unión.

En la carta aparecen otros dos personajes: los ángeles. Vemos que uno de ellos tiene alas de querubín, que simboliza el amor puro y espiritual, pero su color es el de la tierra, por lo que ese amor tiene un componente terreno.

Las alas del querubín tienen forma de nube y su pelo azul simboliza una gran fuerza espiritual, su pequeño pene es una representación clara de su corta edad. El ángel arquero tiene los ojos vendados o cerrados, depende de la carta, pero en todos los casos simboliza que es cupido, y que su flecha será guiada por el azar de la fuerza del destino. Ese azar que nos unirá con la pareja predestinada.

Meditación

La meditación en esta carta es muy concreta y con fines casi muy determinados. Nuevamente la imaginaremos a tamaño natural y penetraremos en su interior, identificándonos con el personaje del sexo a que pertenecemos, y viendo en el otro personaje a la persona que amamos, deseamos o queremos transmitir nuestro amor.

Nos encontramos ante una meditación importante para reforzar nuestros lazos de amor con el ser querido, para ampliar una amistad profunda, para prolongar el matrimonio o alcanzar una solución final a un dilema amoroso. Es muy importante que intentemos, a lo largo de la meditación, no sólo desear al otro ser que forma esta pareja, sino comprenderlo para saber cuáles son sus necesidades con respecto a nosotros. Este es un arcano de amor, y a la vez también un arcano que sirve para fortalecer relaciones pasionales y potenciar nuestro sexo.

INTERPRETACIÓN EN LA SALUD

Derecha: Anuncia fuerza y buen momento para darle al cuerpo complejos vitamínicos o incluso sobrealimentarlo, aunque con prudencia.

Invertida: Manifiesta la necesidad del consultante a vigilar un poco la dieta alimenticia, procurando la absorción de más calidad y menos cantidad en sus comidas.

INTERPRETACIÓN EN EL TRABAJO

Derecha: Buen momento para la formación de nuevas sociedades, siempre y cuando estas fusiones se realicen con personas dentro del ámbito familiar del consultante o bien con personas muy allegadas y de mucha confianza.

Es una carta que augura además éxitos en el trabajo, de forma interesante si estos vienen derivados de ventas directas.

Invertida: Es una carta un tanto conflictiva, especialmente por las influencias que puede tener el entorno del consultante a nivel de trabajo, aunque como veremos también puede afectar en el amor. Por todo ello, la carta recomienda mucha prudencia en el trato con los superiores y diplomacia con los compañeros de trabajo, dado que podrían surgir envidias y malos entendidos, que quizá incluso podrían dar como fruto una traición.

INTERPRETACIÓN EN EL AMOR

Derecha: Es la carta capital del amor y las buenas relaciones, aunque no puede hablar del entorno y de la influencia negativa e involuntaria del mismo sobre la pareja. La aparición de esta lamina nos habla de nuevas personas y nuevos amores, boda e incluso reforzamiento de relaciones ya establecidas, o la consecución de un proyecto de futuro a nivel amatorio, quizá niños si cerca de los enamorados apareciera la Sacerdotisa.

Invertida: Sigue siendo una carta positiva en el amor, aunque en esta posición nos habla más de posibles enturbiaciones de la relación de pareja que, por otra parte, serán superadas sin gran dificultad, siempre y cuando el entorno, ya sea familiar o amistoso de los enamorados no se inmiscuya en la resolución de los conflictos o problemas que hayan podido aparecer. De igual forma, y en un aspecto algo mejor, la carta anuncia pasividad en el mundo de la pareja si aparece cerca de ella la carta del Carro o la Fuerza en sentido invertido.

INTERPRETACIÓN EN LA SUERTE Y EL DINERO

Derecha: Anuncia buen momento para las inversiones de pocas cantidades de dinero, sugiere gastos prudentes en sociedades y da vía libre para tentar a la suerte en juegos de azar.

Invertida: Sugiere mucha prudencia en el hogar especialmente con los gastos derivados de los más pequeños o los más mayores, ya que a causa de algún pequeño trastorno o enfermedad, en absoluto peligrosa o grave, podrían requerir un gasto adicional sobre ellos.

ARCANO NÚMERO VII

EL CARRO

Interpretación general:

Derecha: El hombre poderoso ha tenido que trabajar mucho. No le han regalado nada. Seguro.

Invertida: Falta de empuje en el trabajo. Recaídas en enfermedad. Cuidado especial con los niños. ¡Vigila!

En este VII arcano vemos a un hombre que es transportado por un carro que es tirado por dos caballos o corceles, o por un hombre transportado bajo un palio.

Representación general

Este arcano representa el hombre poderoso, el hombre que ha triunfado y camina a través de la vida o viaja hacia un objetivo determinado, pero la lámina también encierra otros múltiples simbolismos.

Simbolismos principales

El hombre trasladado en un carro simboliza el éxito, la pomposidad, el triunfo, el poder y también el conquistador. El mismo hecho de trasladarse ya aporta un simbolismo de viaje, de desplazamiento a algún lugar. Vemos que el pasajero del carro lleva un cetro en la mano, para algunos es una fijación por lo material, otros tarotistas ven un símbolo fálico. En el Carro también vemos, en algunas ocasiones, columnas que soportan un palio, que sería el símbolo de arropamiento del personaje. En otras ocasiones se trata de un simple carro con cortinas de las que cuelga un cascabel que simboliza que el éxito, el triunfo, tienen que buscarse.

Sin duda el Carro simboliza lo necesario para conducirse por la vida, el medio que utilizamos para el viaje. Pero este componente tiene dos elementos de gran simbología, dos corceles o caballos que en otras láminas del tarot están en la misma postura, dando la impresión de que cada uno tira hacia un camino diferente. Estos corceles representan la inquietud y la ansiedad por alcanzar el destino deseado, sentimientos que si no se consiguen dominar impiden que el carro avance en recto sentido. La letra hebrea es Chet.

Meditación

Este es un arcano para ser utilizado para meditar en aquellos momentos en que debamos replantearnos nuestro destino, nuestro objetivo en la vida, o cuando estemos a punto de tomar una decisión trascendente que va a significar un cambio de rumbo en nuestro futuro, como puede ser un nuevo trabajo o un traslado a otra ciudad o país. Como ya hemos hecho en cartas anteriores, visualizaremos a tamaño general toda la lámina y penetraremos en su interior. Pondremos especial interés en identificarnos con el personaje, que somos nosotros y el destino que queremos alcanzar en la vida. Pero también utilizaremos los dos corceles como elementos meditativos de los dos sentidos que van a significar nuestro viaje, lo positivo y lo negativo.

INTERPRETACIÓN EN LA SALUD

Derecha: Es una carta positiva que más que hablarnos de enfermedades como tales, nos advierte del peligro de alguna dolencia inesperada que afecte a la cotidianidad de nuestra vida de forma espontánea, de igual manera si aparece cerca de la carta del Sol, nos estará indicando un período favorable para la recuperación.

Invertida: Anuncia el recaimiento por enfermedades mal curadas o el rebrote de alguna dolencia de la infancia. Es una carta especialmente importante en lo que se refiere a los niños, ya que advierte de la necesidad de un cuidado especial sobre ellos.

INTERPRETACIÓN EN EL TRABAJO

Derecha: El Carro nos habla de la firmeza y la seguridad, especialmente cuando la carta se halla en la posición del presente del consultante; en ese momento y por lo que al trabajo se refiere, nos está diciendo que el destino de su empresa está en sus manos, aspecto positivo si aparece el Mundo derecho cerca y un tanto negativo, por lo que necesitará asesores si la Fuerza está cerca en posición invertida.

Invertida: Denota falta de empuje, de serenidad y objetividad a la hora de plantear nuevos proyectos e incluso de mejorar las relaciones con los compañeros de trabajo. Si la carta está cerca a la de la Muerte, aconseja prudencia y un período de tiempo de reposo, si aparece cerca del Loco, tranquilidad y replanteamiento de proyectos e ideas. Si apareciese cerca del Diablo y éste estuviera invertido, nos indicará peligro de traición por motivo de envidias.

INTERPRETACIÓN EN EL AMOR

Derecha: Denota fuerza, valentía y empuje, si la relación acaba de empezar. Puede indicar también la reaparición de personas parejas del pasado, que actuarán negativamente o planteando problemas y dudas si apareciera cerca el Ermitaño. Esta carta nos habla de velocidad y de la precipitación de los acontecimientos y la resolución de los mismos en la vida de la pareja.

Invertida: Denota el gran peligro hacia la involución, la inmovilidad del crecimiento constructivo dentro del mundo de la pareja. Con la carta del Mago cerca, es mayor; en posición invertida nos hablaría de inmovilidad por falta de creatividad y nuevos alicientes, capaces de darle a la vida sentimental la fuerza que precisa.

INTERPRETACIÓN EN LA SUERTE Y EL DINERO

Derecha: Anuncia aumento de ingresos que sean fruto del trabajo, también pago de deudas y atrasos pendientes incluso de morosos de cuyo pago ya no se confiaba.

Invertida: En esta posición el Carro no es una carta que verdaderamente augure muy buenos resultados o anuncie expectativas demasiado interesantes, puesto que más bien es al contrario, manifiesta riesgos de ruina, gastos imprevistos e incluso problemas con multas. Se puede convertir en una carta negativa si cerca de ella aparece la Torre.

ARCANO NÚMERO VIII

LA JUSTICIA

Interpretación general:

Derecha: No seas extremista, porque tendrás que buscar siempre un término medio en todas las cosas.

Invertida: Problemas en el trabajo con jefes. Inseguridad en la relación de amor. No a los juegos de azar.

En el arcano VIII vemos a una mujer con una corona que lleva en su mano derecha una espada y en su mano izquierda unos platillos o balanzas. También observamos que esta mujer está coronada y a veces lleva alas.

Representación general

Esta carta representa a la Justicia, a la Ley Suprema, una carta de equilibrio que implica con frecuencia el orden natural de las cosas.

Simbolismos principales

Es una mujer la que imparte la justicia lo que nos reafirma en que lo femenino está en posesión de una mayor equidad. En las antiguas láminas de Tarot esta figura llevaba alas lo que le otorgaba cierto poder celestial. El velo en los ojos simboliza que la justicia se hace sin distinciones y que, en ocasiones, para cumplir su fuerza no ve más allá o no quiere ver otros motivos más profundos.

La espada simboliza la dureza impecable con la que se aplicará la Justicia. Es una espada de doble filo, lo que da varias y ásperas interpretaciones. En la mano izquierda lleva los platillos o balanza, que tiene varios simbolismos: la experiencia del mercader, los errores cometidos o el elemento para medir el precio a pagar por esos errores. La dama que representa la justicia lleva una corona, símbolo que le otorga un gran poder, y su rostro emana decisión y equilibrio. Su letra hebrea es Lamed.

Meditación

Visualizamos esta carta a tamaño natural y penetramos en su interior identificándonos con la figura de la dama, una identificación que nos tiene que aportar un equilibrio interior y una capacidad serena de poder reflexionar sensata e inteligentemente.

Usaremos para meditar esta carta cuando nos encontremos ante la necesidad de realizar un juicio de valor, cuando debamos de calibrar justamente una actitud, sea nuestra o sea de otra persona. Es decir, hemos realizado una acción y queremos saber si dicho comportamiento ha sido bueno o malo. La actitud serena y reflexiva de esta meditación nos llevará a la respuesta adecuada, tenemos en la carta los platillos o la balanza que utilizaremos para poner en cada uno de ellos los pros y los contras, lo positivo y lo negativo, el desequilibrio de la balanza nos dará el resultado a nuestra reflexión final.

INTERPRETACIÓN EN LA SALUD

Derecha: Nos habla de equilibrio. Buen momento para la salud, sin graves ni grandes problemas, aunque quizá sí con algún ligero bache en lo que al sistema nervioso se refiere.

Invertida: Indica replanteamiento de salud, aconseja cuidados en especial de cara a una regeneración del organismo y a la recuperación en general de alguna posible enfermedad.

INTERPRETACIÓN EN EL TRABAJO

Derecha: Augura un buen momento para la búsqueda de socios o personas de confianza que sean capaces de llevar adelante una empresa o proyecto laboral común. Manifiesta grandes capacidades para desarrollar ideas por parte del consultante, que pasará por un buen momento para desarrollar su creatividad, especialmente si centra todos sus esfuerzos en temas o proyectos innovadores.

Invertida: Indica momentos de poca movilidad laboral a la hora de hallar resultados, que llegarán pero de forma tardía, pese a los diferentes esfuerzos que realizará el consultante gracias a los apoyos del entorno. Por otro lado manifiesta también posibles problemas con las jefaturas, con los superiores y jefes o incapacidad para entender a los subordinados.

INTERPRETACIÓN EN EL AMOR

Derecha: Indica la necesidad de replantear de forma seria, objetiva y rigurosa la relación a establecer o la ya establecida. Este replanteamiento deberá ser acompañado por parte de terceras personas si cerca aparece la carta del mundo, realizado de forma espontánea sin voltos, si aparece la Rueda de la Fortuna y, finalmente, expuesto de forma tajante y enérgica, pero no despótica, si el Sol está cerca.

Invertida: Manifiesta la inseguridad de la relación, los problemas que puede haber en la misma por causas externas, especialmente provenientes de los familiares más directos. Anuncia un replanteamiento en la pareja, reflejando al cónyuge como una persona afectada por la relación, que deseará aclarar conceptos de forma constructiva. Esta carta es también una llamada al orden del consultante, una petición para que aclare sus conceptos sobre sus diferentes intereses sentimentales.

INTERPRETACIÓN EN LA SUERTE Y EL DINERO

Derecha: Anuncia expectativas interesantes en las inversiones a largo plazo, también en los juegos de azar. Si esta carta aparece acompañada del Loco o el Colgado, indicará peligro de perder rápidamente los ingresos obtenidos de forma inesperada.

Invertida: Aconseja al consultante un reequilibrio en sus gastos domésticos y un replanteamiento en el tema del ahorro. Igualmente anuncia pequeños dolores de cabeza por culpa de deudas pendientes si las hay. En otro aspecto más lúdico, como es el de los juegos de azar, esta carta advierte de la necesidad de aplazar las tentativas de suerte en este campo, ya que unos someros beneficios iniciales podrían provocar unas grandes pérdidas finales.

ARCANO NÚMERO IX

EL ERMITAÑO

Interpretación general:

Derecha: Eres guía pero también buscador de saberes. Experiencia y profundidad mental. Suerte.

Invertida: Precaución ante la falta de diálogo. No tentar la suerte ni invertir en negocios rápidos. ¡Diplomacia!

En este arcano vemos un hombre anciano que supuestamente camina, ya que en la carta no se ven los pies, lleva un fanal para iluminar el camino y un bastón.

Representación general

Estamos ante el asceta, el herborista, el guía, pero también el buscador. Un carcano que representa la soledad, la penitencia y la reflexión.

Simbolismos principales

El ermitaño da la impresión que está caminando, pero si observamos atentamente esta carta del Tarot veremos que sus pies están cortados, que no entran en el conjunto de la lámina, por lo que puede simbolizar que su andar es lento y casi estático, pero también quiere simbolizar, en otro aspecto, que camina fuera del marco en que aparece, que ya está en otro camino que desconocemos y no vemos.

El Ermitaño tiene el pelo blanco, lo que simboliza experiencia en su conocimiento y ancianidad en el camino que está recorriendo. Lleva un bastón con siete nudos; el bastón es una clara referencia a Moisés, a la necesidad de un apoyo para realizar el camino, y los siete nudos representan por un lado los siete días de la semana, los siete días de la creación. Recordemos que el número siete es uno de los que entraña mayor simbolismo. También apreciamos que el Ermitaño lleva un fanal en su mano derecha, para iluminar el camino, pero también este fanal simboliza el conocimiento, la iluminación con la que el Ermitaño se enfrenta a los que acuden a él. La letra hebrea del Ermitaño es Yod.

Meditación

Visualizaremos el Ermitaño a tamaño natural y penetraremos en su entorno para enfrentarnos a este hombre que lleva la luz que nos puede iluminar. Es al Ermitaño al que debemos demandar consejo sobre el camino que debemos de seguir en el campo espiritual y, al que solicitaremos iluminación en nuestro conocimiento interior. El Ermitaño puede ofrecernos consejo sobre la vía de desarrollo espiritual más adecuada a nuestra naturaleza.

Esta es una carta del Tarot a la que debemos recurrir cuando hemos decidido potenciar nuestra vida interior, cuando deseamos encontrar una vía espiritual y, cuando creamos que con la lectura y otros aspectos, no hemos encontrado suficiente iluminación para poder alcanzar los objetivos de nuestro camino espiritual.

INTERPRETACIÓN EN LA SALUD

Derecha: Esta carta nos habla de la vejez, de la necesidad de prepararse para ella o en otro sentido más actual, independientemente de la edad del consultante, de la necesidad de cuidarse de forma especial, evitar excesos ya que es un tiempo en el que es necesario cuidarse al máximo, pero no porque exista el peligro de caer en enfermedad alguna.

Invertida: Tiene una connotación muy parecida a la posición derecha. De hecho esta carta se refiere en casi todos sus aspectos al mundo interior, al aislamiento, en este caso, en el terreno de la salud; nos indica el recogimiento y la precaución por encima de todas las cosas, también manifiesta la necesidad de potenciar el cerebro, puesto que augura momentos olvidadizos.

INTEPRETACIÓN EN EL TRABAJO

Derecha: Anuncia momento de recogimiento, de profundidad mental; para el que busca trabajo esta carta le habla de un buen período para incrementar sus conocimientos, para estudiar, potenciar al máximo su mente y sus cualidades más destacadas a nivel cerebral, no obstante no indica que sea un buen momento para enfrentarse a una selección laboral, sí, insistimos, en prepararla.

Invertida: Anuncia o significa, falta de concentración y dispersión, falta de claridad de ideas, la necesidad de escapar del mundo y de su entorno para clarificar conceptos.

El consultante podría verse metido en situaciones de difícil resolución por su carencia, en este caso de objetividad, e incluso por no poder asumir sus problemas de forma lógica.

INTERPRETACIÓN EN EL AMOR

Derecha: Anuncia momentos de soledad buscada, incluso de posibles rupturas de pareja, si la hay, por causas de dispersión y falta de claridad. La persona que aparezca representada por esta carta, nos indicará que pasa por un momento de aislamiento, necesitando olvidarse del entorno para conocerse mejor a sí mismo. En caso de existencia de pareja, la aparición de esta carta puede indicar también la necesidad de mantener un período de poca comunicación.

Invertida: Cuidado con los aislamientos y evasiones dice esta lámina al revés. Precaución con la falta de diálogo y con la falta de entendimiento, ya que podría provocar una ruptura o problema. En otro aspecto, es una carta que nos está hablando de cierta dificultad por parte del consultante para encontrar pareja si es que no la tiene, o de potenciar al máximo la suya en el momento actual.

INTERPRETACIÓN EN EL DINERO Y LA SUERTE

Derecha: Anuncia períodos estabilizadores de la economía sin grandes altibajos.

Invertida: Manifiesta la necesidad de no invertir, no jugar, no tentar a la suerte, no prestar dinero y procurar pagar las deudas cuanto antes.

ARCANO NÚMERO X

LA RUEDA DE LA FORTUNA

Interpretación general:

Derecha: Vitalidad, fuerza y energía. Nuevos proyectos e ideas laborales. Buena racha económica.

Invertida: Pequeñas molestias intestinales. Cambios y noticias en el trabajo. En el dinero, no gastar: ahorrar.

En este arcano contemplamos una inmensa rueda de seis rayos en la que vemos a un conejo que asciende por la derecha y un mono que desciende por la izquierda.

Representación general

La Rueda de la Fortuna representa la rueda de la eternidad, sin principio ni fin. También es el movimiento constante de la vida. Nos encontramos ante un arcano que es símbolo de la transformación.

Simbolismos principales

Vemos principalmente dos figuras en la rueda. A la izquierda un simio con las manos atadas que desciende, que cae, simboliza el individuo poco inteligente que es llevado por el destino. A la derecha un astuto conejo que trepa por la Rueda de la Fortuna, se coge a ella instintivamente y sobrevive a su movimiento. Un detalle importante de la Rueda de la Fortuna es su manivela que sale fuera de la carta, lo que simboliza que es movida por un ente que no está en la lámina, por un ser superior. El suelo de la Rueda de la Fortuna es un suelo sin arar, un suelo liso, su simbología es evidente al estar pendiente de ser labrado, pues significa que hay que plantar la simiente del propio destino.

En lo alto de la Rueda de la Fortuna apreciamos a un ser con corona que está por encima del movimiento de la rueda; este ser tiene rabo y para muchos tarotistas su interpretación es maléfica, pero también al llegar a su altura, se alcanza el conocimiento que tiene este ser. La letra hebrea correspondiente a la Rueda de la Fortuna es la Kaph.

Meditación

Vamos a mentalizar a tamaño natural este arcano y vamos a penetrar en su interior como hemos hecho con los demás. La Rueda de la Fortuna no tiene que inspirar en nuestra propia evolución, en la decisión de seguir un camino que nos lleve hacia el progreso o escoger un camino que se vea afectado por el azar. La meditación ante la Rueda de la Fortuna nos plantea la firme decisión de no ser víctimas del azar, de trabajar como hace la liebre en trepar por la rueda para alcanzar un nivel más alto. Nos encontramos, por tanto, ante una meditación típica, parecida a cuando estamos ante una situación de insatisfacción y buscamos la suerte o queremos provocar esa suerte para salir de una mala racha que nos afecta.

INTERPRETACIÓN EN LA SALUD

Derecha: Anuncia recuperaciones rápidas, e incluso sorprendentes en caso de que exista alguna enfermedad. Por otro lado, independientemente del estado en que se encuentre el consultante en el momento de la tirada, la carta presagia vitalidad, fuerza y energía, en síntesis muchas ganas de vivir.

Invertida: Nos advierte de la posibilidad de un recaimiento o incluso la aparición de pequeñas molestias que podrían ser tanto de índole intestinal, como pequeños vómitos, o dolores de estómago, como a nivel respiratorio con la aparición de constipados.

INTERPRETACIÓN EN EL TRABAJO

Derecha: Anuncia momentos interesantes para replanteamientos laborales, como podría ser el caso de la presentación de nuevos proyectos o ideas, siempre y cuando estos sean trabajados o hayan sido elaborados en grupo. Por otro lado marca las expectativas, anunciando un buen período para la resolución de aquellos temas pendientes de respuesta y, que por muy diversas circunstancias parecían olvidados.

Invertida: Se configura como un anuncio de movimientos y cambios, para los que el consultante deberá prepararse convenientemente, estando expectante a cuanto se pueda producir y asumiendo que en cualquier momento puede recibir noticias relacionadas con su mundo y situación laboral, noticias que, por otra parte no serán muy agradables si cerca está la carta de la Fuerza invertida o incluso la de la Justicia también al revés.

INTERPRETACIÓN EN EL AMOR

Derecha: Es una carta de juego, de intensidad, que anuncia momentos interesantes para la vida en pareja o para la búsqueda de la misma, indicando el florecimiento de nuevas personas alrededor del consultante o cuanto menos descubriendo un poco mejor y de forma más apasionada las ya conocidas.

Invertida: Habla de cambios, de posibles malos entendidos o influencia de terceras personas, en el mundo sentimental. En el caso de un planteamiento de nuevas parejas, o de la resolución de los problemas con la cotidiana, la solución no está en la mano del consultante pues se verá incapaz de aclarar sus conceptos, por ello esta lámina aconseja una segunda opinión que debería venir de una persona muy allegada. Esta segunda opinión aparecerá, si el arcano del Sumo Sacerdote o Papa, incluso Sacerdotisa están cerca.

INTERPRETACIÓN EN LA SUERTE Y EL DINERO

Derecha: La suerte está echada, sólo queda esperar y ver venir los resultados. Buenos momentos si ha habido tentativas en juegos de azar y aparece esta carta, con más o menos beneficios en función de las que la rodeen, por ejemplo, interesantes ganancias si el Sol está cerca y derecho, o algunas menos, si cerca está el Mago.

Invertida: Manifiesta la no necesidad de actuar, ya que augura un momento no demasiado correcto ni para invertir ni para gastar, ni tan siquiera para emprender cosa alguna que pueda modificar de cualquier forma el contexto económico del consultante, pues deberá esperar un tiempo prudencial antes de volver a mover su dinero.

ARCANO NÚMERO XI

LA FUERZA

Interpretación general:

Derecha: Se superan los obstáculos tanto en pro de una mejor salud como en el amor. Talismán del dinero.

Invertida: ...Indica fraudes en el negocio esta carta invertida, y falta de paz en el mundo de la pareja.

En el arcano XI podemos ver a una dama que mantiene con sus dos manos abiertas las fauces de un león; una carta en la que la figura femenina está vestida con elegantes mantos y tocado.

Representación general

Este arcano representa el dominio de la fuerza bruta a través de la inteligencia. La dama domina a la terrible fiera (los instintos más primarios), pero no la destruye.

Simbolismos principales

El león simboliza la fuerza instintiva, brutal, el salvaje que sólo utiliza su agresividad. El león es ejemplo del más poderoso animal de la naturaleza, el rey de la selva, el más fuerte de todos. La dama es el símbolo de la inteligencia dominando esa fuerza y reprimiendo los instintos más bajos. La utilización de una figura femenina es primordial en el simbolismo, ya que el hombre siempre ha representado la fuerza, sin embargo la mujer era la que sabía dominar esa fuerza y utilizarla para sus intereses.

Vemos que la dama de la carta lleva una capa roja que simboliza el elemento activo; pero en la carta también apreciamos el color amarillo en su ropa pues simboliza la aplicación del intelecto; y el color azul que representa la fuerza espiritual. El sombrero de la dama es de vital importancia, ya que es su tocado y, se alza en lo más alto de su figura, en su cabeza. El sombrero de anchas alas tiene forma de ocho tumbado, el número del infinito, símbolo de la fuerza eterna e imperturbable. Letra hebrea Teth.

Meditación

Esta carta puede ser utilizada para meditar tanto por parte de la mujer como del hombre, y puede utilizarse en momentos en los que necesitemos la fuerza necesaria para llevar adelante un proyecto o para dominar una situación; pero también en momentos en que precisemos esa misma fuerza para enfrentarnos a una debilidad que nos acecha, debilidad de tipo moral o de tipo enfermizo. Como siempre, nos relajaremos y visualizaremos la carta a tamaño natural penetrando en ella. Si somos una fémina nos identificaremos con la dama que está dominando la fuerza bruta del león, y aplicaremos esta escena a la situación que nos afecta, recobrando la fuerza necesaria para que nosotros podamos aplicarla al problema. Si somos de sexo masculino nos identificaremos con el simbolismo de la escena.

INTERPRETACIÓN EN LA SALUD

Derecha: Manifiesta vitalidad y energía. Entereza, fuerza y superación de obstáculos. Buen momento para todo tipo de recuperación. Anuncia operaciones con éxito y presagia, sobre un momento especialmente interesante para el consultante, para pedirse más esfuerzos a sí mismo.

Invertida: Denota falta de vigor y fuerza. Recomienda prudencia en los esfuerzos y advierte sobre el peligro de autovalorarse. Mal momento para el deporte, en especial el de aventura.

INTERPRETACIÓN EN EL TRABAJO

Derecha: Anuncia movimientos en el mundo laboral, especialmente en lo que se refiere a las relaciones con los compañeros, o personas a un mismo nivel, que podrían recurrir más de lo deseado al consultante para ser aconsejados. Indica también buenos momentos para potenciar y reajustar temas pendientes. De igual manera presagia períodos interesantes para la creatividad.

Invertida: Es una buena carta pese a esta posición, ya que no habla de rupturas ni de falta de trabajo, sino de reconversión, estancamiento y paralización. Anuncia momentos interesantes para procurar el asentamiento de aquello que se inició.

INTERPRETACIÓN EN EL AMOR

Derecha: Es una carta de novedad, pero también de recordatorio. En el amor, la Fuerza nos habla de la necesidad de dar un empuje a la relación o a la búsqueda de la misma. Si esta carta aparece junto o cerca de los Enamorados indicará potencia en la relación, de mucho romanticismo y ternura, tambien si está cerca el arcano de la Luna y muy pasional o sexual, si se halla cerca la carta del Diablo.

Invertida: Denota falta de tranquilidad y de paz en el mundo de la pareja. Cabría la posibilidad de que esta carta anunciase a una persona de carácter frío, reflexivo, de dureza en la expresión que podría ser muy influyente en el mundo de la pareja a un nivel constructivo.

Por otra parte si la Fuerza aparece invertida junto o cerca de la carta del Mundo indicará que será necesario buscar apoyos en el mundo exterior de la pareja para potenciar la relación o incluso para ayudar al consultante ante posibles desengaños de esta índole.

INTERPRETACIÓN
EN LA SUERTE Y EL DINERO

Derecha: Indica ingresos interesantes y buenos momentos para la inversión, por arriesgada que esta pueda parecer a primera vista. La carta de la Fuerza actúa también como talismán, por lo que será recomendable que el consultante visualice esta carta antes de ir a tentar la suerte.

Invertida: Avisa de posibles fraudes o engaños en el sector económico. Indica también reformas costosas en el hogar, debido a pequeños problemas domésticos como podrían ser roturas o averías, con desenlaces en buena parte muy difíciles de paliar.

ARCANO NÚMERO XII

EL COLGADO

Interpretación general:

Derecha: Malos momentos en el terreno laboral que habrá que vencer con más horas de dedicación.

Invertida: ...Y aparece una mujer que influirá como consejera y aliada en las decisiones amorosas.

Vemos en esta carta a un hombre colgado por los pies con sus manos a la espalda aparentemente atadas. Dos grandes troncos con ramas cortadas hacen de soporte para mantener otra rama horizontal de la que cuelga.

Representación general

El arcano número XII es uno de los más importantes de la baraja del Tarot por su gran contenido esotérico e interpretativo.

En general representa la ley revelada, el sacrificio, la abnegación, el desinterés por las cosas del mundo, el altruismo y la inversión de la situación actual. Es un símbolo de iniciación pasiva.

Simbolismos principales

Los árboles que soportan al Colgado tienen las ramas podadas, símbolo de castración, de impedimento de crecimiento. También vemos que el número de ramas podadas es doce, igual que el arcano, y esto tiene especial simbolismo con los signos del zodíaco y también con los doce meses del año.

El Colgado se encuentra en un abismo, símbolo adónde uno puede precipitarse. Sus piernas están cruzadas, lo que simboliza un cruce de energías en la vida del Colgado. Está boca abajo, simbólicamente es la inversión de una situación que ha cambiado completamente. Vemos también que tiene sus manos aparentemente atadas a la espalda, lo que simboliza ineficacia o dependencia del sistema social. Los colores que comportan la ropa del Colgado son el rojo y el blanco, lo que simboliza en este caso inocencia y pureza. Vemos que abrocha su ropa con botones, una hilera que se interpreta como diferentes grados de conocimiento. Sus ojos están abiertos, símbolo de que es consciente de su situación y del entorno. Y los bolsillos de su chaqueta abiertos simbolizan que puede perderlo todo. Letra hebrea Mem.

Meditación

Carta para meditar cuando graves problemas nos rodean y amenazan con cambiar radicalmente toda nuestra vida. Pueden ser problemas de orden particular, como nuestra actitud frente a las drogas, el alcohol o el juego.

Debemos visualizar la escena de la carta a tamaño natural y penetrar en su interior. En un primer momento analizar los motivos que han desencadenado esta situación que nos amenaza. Una vez tenemos claros estos motivos, nos identificaremos con el Colgado y nos daremos cuenta que el tener las manos en la espalda no quiere decir que estén atadas, por lo que aún tenemos todas las posibilidades de actuar y cambiar.

INTERPRETACIÓN EN LA SALUD

Derecha: Esta carta nos habla básicamente de las situaciones en impás de espera a nivel de salud, pero también de una cierta despreocupación por cuidarse o ser cuidado. De cara al futuro, nos refleja al consultante como un persona que pierde interés y valor por sí mismo y que precisará del apoyo del entorno para no terminar en un estado de debilidad grave.

Invertida: Se configura como una carta de riesgos y aventuras, es decir, vemos en el futuro a un consultante desafiando riesgos con importantes posibilidades de sufrir accidentes dado su desprecio a la seguridad.

INTERPRETACIÓN EN EL TRABAJO

Derecha: Anuncia apatías, malos momentos en el terreno laboral, quizá incluso una falta de motivación del consultante hacia su trabajo u ocupación. Para conocer las causas de este decaimiento habría que observar las cartas que estén cerca del Colgado, en este caso, el Mundo nos indicaría la falta de comunicación y de buenas relaciones con los compañeros de trabajo, mientras que las cartas del Sumo Sacerdote o del Emperador, manifestarían incomodidad con sus superiores. Por otra parte, el arcano sugiere que el consultante preste especial interés sobre sí mismo y se potencie al máximo.

Invertida: Nos habla de momentos interesantes para realizar –fuera del trabajo–, las reflexiones necesarias sobre la situación laboral. En esta posición muestra también renuncias y anuncia posibles cambios de trabajo, mejoras y evolución laboral.

INTERPRETACIÓN EN EL AMOR

Derecha: Anuncia ambigüedad en el esclarecimiento de las relaciones sentimentales, replanteamientos sobre lo que se conoce y lo que se busca. No sería de extrañar que el consultante hallase a una persona indecisa en su vida, de la que podría caer profundamente enamorado, una persona que influirá positivamente con la Luna o los Enamorados cerca y negativamente si el arcano más cercano es el Juicio o el Carro.

Invertida: Es una carta que nos habla de la irrupción en la vida del consultante, independientemente de cuál sea su sexo, de una persona femenina que influirá como consejera y aliada en sus decisiones amorosas. Por otra parte, es una carta que advierte o presagia la posibilidad de encuentros sentimentales inesperados, repentinos, que dejarán una gran huella en el consultante, aunque no habrá continuidad de relación.

INTERPRETACIÓN EN LA SUERTE Y EL DINERO

Derecha: Anuncia momentos de dispersión económica, con cierta tendencia al derroche, recomienda vigilar los gastos.

Invertida: Indica ruinas, pérdidas de dinero e incluso robos, que podrían ser violentos para el consultante si la carta de la Torre en posición invertida, está cerca.

ARCANO NÚMERO XIII

LA MUERTE

Interpretación general:

Derecha: No es la muerte sino un cambio. Es una transformación necesaria, para bien, pero dolorosa.

Invertida: Evolución. Viene un cambio laboral muy rígido. Más dedicación a la pareja si no queremos perderla.

Esta carta nos representa a un esqueleto con una guadaña que barre cabezas y manos. Aunque este arcano número trece no lleva nombre es, sin duda, la muerte.

Representación general

Nos avisa de la muerte próxima, pero no necesariamente quiere decir que vayamos a morir. El arcano trece es una representación de un cambio, de una transformación en nuestras vidas. Morimos para renacer.

Simbolismos principales

Vemos que el esqueleto con la guadaña ha cortado la cabeza de un niño y la de un rey, esto simboliza que la muerte, la transformación o el cambio llega a todos. El esqueleto tiene un pie hundido en la tierra, lo que simboliza que forma parte de ella, que también se transformará. Su cabeza es la de media luna, símbolo de nocturnidad, de regresión, es media luna decreciente lo que significa una regresión hacia atrás. La guadaña es manejada con la mano izquierda, símbolo de cierta siniestralidad.

Los huesos son de color rosa, el color de lo sensible de lo humano. La guadaña corta hierbas, cuyo simbolismo positivo significa que hace desaparecer las viejas o malas hierbas, para que de este modo tengan posibilidad de renacer las nuevas. Letra hebrea Nun.

Meditación

Procederemos como en las cartas anteriores, relajándonos y visualizando esta carta, en todo su conjunto, a tamaño natural. Luego penetraremos en este paisaje desolador. Pero debemos recordar que buscamos no la muerte, sino la transformación. Pretendemos el final de una situación, pretendemos un cambio, en el que vamos a dejar una vida anterior para alcanzar otra. Puede significar una regresión, ya que en nuestro pasado, en nuestra infancia está el autentico espíritu puro.

Recordemos que todas las tradiciones hablan de una muerte para renacer en otra vida. El sufismo nos habla de morir en vida para vivir una nueva etapa. Los masones, basándose en tradiciones milenarias, configuran la muerte del "compañero" para renacer en "maestro". Incluso en el cristianismo hay un morir en la Cruz para renacer nuevamente. La carta de la Muerte nos ofrece esta posibilidad a través de una profunda meditación de transformación.

INTERPRETACIÓN EN LA SALUD

Derecha: Contrariamente a lo que muchas personas pueden creer, esta carta no anuncia la muerte, ni el fin, sino los cambios y las mutaciones, de ahí que en posición derecha hablando de salud, se muestre como una carta de desenlaces, en este caso positivos, de una enfermedad, o recuperación post operatoria. De igual manera, cerca del Sol, indica vitalidad y energía para el consultante.

Invertida: Nos habla de la evolución o desenlace de la situación que podría ser un tanto negativa, pero no necesariamente hablamos de muerte.

INTERPRETACIÓN EN EL TRABAJO

Derecha: Manifiesta la aparición de nuevos proyectos, ideas con bastante gancho, al menos de cara a su presentación para aprobación. Igualmente está representando al consultante y le da fuerzas innovadoras, energía y vitalidad, es una evolución hacia arriba y hacia adelante, por lo que presagia aumentos si no de sueldo o categoría, sí de consideración, tanto por parte de familiares, como de amigos o compañeros de trabajo.

Invertida: Nos habla de paralizaciones y pérdidas de tiempo, acentuadas si está cerca la carta del Carro, con anulación de proyectos si además, el Carro está invertido. En esta posición, la muerte indica la necesidad de cambiar, de permutar, avisa de una posible involución en el terreno laboral y por tanto también en lo creativo, si el consultante no intenta cambiar su estrategia de trabajo o profundizar en conocimientos complementarios.

INTERPRETACIÓN EN EL AMOR

Derecha: En esta posición de buen aspecto, la carta nos habla de las interesante perspectivas en la vida amorosa que van a llegar para el consultante. Perspectivas buenas no sólo porque quizá encuentre de una vez por todas a su media naranja, sino porque independientemente de ello, logrará vivir un tiempo con verdadera plenitud el amor verdadero, compartido, ansiado y sentido. En otros aspectos la carta anuncia cambios de estilo de vivir, quizás refiriéndose a nuevas viviendas u hogar, o cuando menos de innovaciones en el domicilio.

Invertida: Nos habla de la necesidad de invertir tiempo, esfuerzo y creatividad, con la pareja. Presagia engaños, quizás por haber llegado a un punto muerto en el que haya un no compartir o un no hablar. Advierte además sobre la posibilidad de rupturas, que podrían ser incluso duras, violentas e intransigentes, además de conllevar ciertos problemas.

INTERPRETACIÓN EN LA SUERTE Y EL DINERO

Derecha: Augura momentos especialmente interesantes para centralizar las inversiones dispersas. Anuncia suerte en los juegos de azar aunque será con pocas ganancias. Finalmente indica sobre la posibilidad del cobro de herencias.

Invertida: Presagia pérdidas importantes derivadas del terreno laboral, pago de multas. Es una carta que recomienda mucha prudencia a la hora de prestar dinero, incluso a personas de confianza, ya que lo fiado podría no verse nunca más retornado.

ARCANO NÚMERO XIV

LA TEMPLANZA

Interpretación general:

Derecha: Si no te dominas a ti mismo/a estás perdido/a. Tu carácter debe cambiar a mejor. Buena suerte.

Invertida: Necesidad de descanso o tregua en el trabajo y en el amor. Pronto vendrá un aumento de dinero...

Vemos en este arcano una figura central representada por un ser alado, tal vez un ángel o una criatura superior, que está traspasando líquidos de una vasija a otra.

Representación general

Este arcano representa el autodominio, el equilibrio, la moderación de carácter. Su imagen en sí inspira serenidad y continuidad del pasado al presente y futuro. Es, sin duda, una carta de regeneración.

Simbolismos principales

El ser superior o ángel alado representa una virtud. Vemos que tiene dos jarros a través de los cuales traspasa un líquido, un jarro es de plata y el otro de oro. En este trasvase hay un simbolismo de equilibrio, pero el jarro de plata simboliza el pasado, el jarro de oro es el futuro, y el agua que viaja entre uno y otro simboliza el presente. Es un agua regeneradora, ya que una gota cae y reanima a la flor que está a los pies de la imagen. Así vemos que esta agua, que simboliza nuestra sabia, nuestro conocimiento, puede hacer renacer esa tierra estéril que aparece en la imagen. La falta de vegetación simboliza que la virtud de la templanza abunda poco. El color dorado de la ropa del ángel simboliza divinidad y poder. La letra hebrea que corresponde a esta carta es Samekh.

Meditación

Nos relajaremos y visualizaremos este arcano a tamaño natural, luego daremos mentalmente un paso al frente y penetraremos en su interior para iniciar la meditación con los elementos simbólicos de esta carta.

Estamos ante una meditación apropiada para aquellos momentos en que nos invade la ira. La imagen de la Templanza nos servirá para recapacitar sobre nuestro estado de excitación, sea cual sea el motivo. Veremos en las jarras de agua que toda la vida es un trasvase del pasado al futuro, y que ese preciado líquido pueda circular sin perderse dependerá exclusivamente de la templanza, del equilibrio que nosotros consigamos en nuestro interior. La visión y la meditación en este arcano nos debe hacer reflexionar sobre la necesidad de potenciar nuestra templanza, virtud necesaria para progresar.

La gota de agua que cae y regenera una flor, tiene un profundo significado en la templanza que nosotros podemos proyectar sobre otras personas. Podemos a través de esta carta meditar en la forma de aplicar nuestra templanza para calmar la ira de otras personas.

INTERPRETACIÓN EN LA SALUD

Derecha: Manifiesta equilibrio, armonía y tranquilidad, anunciando al consultante un período de tiempo para despreocuparse un poco por la salud, aunque ello no indique que se puedan cometer todo tipo de excesos.

Invertida: Sigue siendo una carta positiva, aunque nos advierte de la posibilidad de reajustes orgánicos, es decir, algunos problemas de dolor de estómago, o de índole intestinal, que podrían acentuarse con la entrada en escena de la carta de la Rueda de la Fortuna en posición invertida.

INTERPRETACIÓN EN EL TRABAJO

Derecha: Marca períodos de estabilidad, por lo que anuncia un buen momento para ultimar contratos, pactos o incluso establecimiento de relaciones con nuevos socios, ya que el consultante estará dotado de un equilibrio interno que le dará fuerza y seguridad en sí mismo. En otro aspecto, indica el buen momento para suavizar aquellas posibles tensiones del pasado con socios o compañeros de trabajo.

Invertida: Indica posibles problemas laborales por la influencia de una mujer cercana a la vida del consultante, aunque no necesariamente tiene que ser su pareja o familiar. Esta lámina también nos recuerda la necesidad de establecer períodos de descanso antes de iniciar una nueva búsqueda de empleo o de gestionar la renegociación de los contratos y las condiciones laborales. Si apareciera cerca de ella el Mundo, la carta nos estaría diciendo que no tomemos decisión alguna sin contar con asesores de verdadera confianza.

INTERPRETACIÓN EN EL AMOR

Derecha: Anuncia momentos plácidos, quizá motivados por algún viaje o el acercamiento a nuevos lugares. Especialmente marca la interrelación con otras formas de ver la vida en general. Esta carta también nos recuerda la necesidad de mantener la fe en uno mismo, de forma que la persona se valore realmente, ya que sólo así los demás le valorarán a nivel sentimental, campo en el que tendrá la necesidad de moverse, al menos por un tiempo, como pez en el agua.

Invertida: Es una carta de advertencia. Está avisando que hay algo en el interior del mundo de la pareja, si la hay, o en el interior del consultante en caso contrario, que no está claro y que podría provocar distanciamientos bastante acuciantes. Al mismo tiempo es una carta que nos recuerda la necesidad del diálogo como única solución a un problema.

INTERPRETACIÓN EN LA SUERTE Y EL DINERO

Derecha: Nos habla de períodos interesantes de suerte. De alguna manera, el consultante recogerá aquello que hace tiempo sembró, por lo tanto si hablamos de suerte en el juego de azar, quizá será el momento de recibir el premio a la constancia invertida.

Invertida: Nos habla del dinero fruto del trabajo, deberemos tener en cuenta como posibilidad un aumento de sueldo, cuya concesión merecida había estado estancada.

ARCANO NÚMERO XV

EL DIABLO

Interpretación general:

Derecha: Grandes perspectivas de trabajo. Amores de mucha fuerza a nivel sexual. Búsqueda de dinero.

Invertida: Traiciones por todas partes. En el trabajo suspicacias y envidias. En el dinero engaños y timos.

En esta carta vemos al diablo, alado con casco y empuñando una espada en sus manos. También le acompañan dos diablillos pequeños que se encuentran atados por el cuello.

Representación general

Este es un arcano sobresaliente que augura desdicha, nos relaciona con el mal y la desolación de los seres humanos. También tiene una amblia relación con las bajas pasiones, las dificultades y los encadenamientos.

Simbolismos principales

Estamos ante una carta cuyo contenido ha sido interpretado de diversas formas según las creencias de cada uno. Hay quien ve en las alas del Diablo unas simples alas de murciélago, y quien ve en ellas libros que simbolizan la inteligencia y la sabiduría. Recordemos que el Diablo no es un ser ignorante, sino inteligente y dotado de gran conocimiento.

Su espada es para muchos tarotistas un símbolo fálico, para otros una demostración de su fuerza y su poder. El casco, de tipo militar, es el símbolo de que el Diablo se nutre en aspectos bélicos. Su figura es de aspecto de macho cabrío, lo que simboliza la fuerza bruta. Saca la lengua burlonamente y amenaza con su otra mano. El círculo blanco sobre el que se apoya simboliza la Luna del destino. Vemos también que en su figura están casi todos lo colores: patas negras, flancos verdes, alas azules, cabeza roja. Simboliza esto que tienen una amplia relación con los cuatro elementos.

La carta presenta dos diablos pequeños que están unidos por una soga que simboliza las ataduras, las malas tendencias. Ambos diablos esconden sus manos a sus espaldas, que puede simbolizar que también están atadas. Uno de los diablos simboliza la perspicacia y la juventud; el otro, es sectario y vemos que sus orejas son burlescas. Letra hebrea Ayin.

Meditación

Esta es una meditación muy peligrosa que debemos de realizar cuando tengamos plena seguridad de nuestra fuerza y voluntad para enfrentarnos al maléfico. Se trata de una meditación de reafirmación de nosotros mismos contra las tentaciones del mal. Para ello actuaremos como en otras meditaciones, visualizando la carta y penetrando sin miedo en su interior, una vez allí nos reafirmaremos en no caer en las tentaciones que el Diablo haya puesto ante nosotros.

INTERPRETACIÓN EN LA SALUD

Derecha: Anuncia momentos de buena salud, y de regeneración en todo lo que se derive de hígado, páncreas y sistema circulatorio. Augura un buen período de tiempo para la salud del consultante.

Invertida: Advierte al consultante de los peligros de los excesos especialmente de aquellos derivados o producidos en el terreno de lo sexual. Anuncia posibilidad de dolencias venéreas, especialmente cerca de los Enamorados o la Suma Sacerdotisa.

INTERPRETACIÓN EN EL TRABAJO

Derecha: Anuncia nuevas perspectivas interesantes para el trabajo, siempre y cuando el consultante actúe sibilinamente, con mucha cautela y sin mostrar al ciento por ciento sus cartas a la hora de plantear una estrategia. Indica también posibilidad de romances laborales que podrían perjudicar enormemente la relación de trabajo.

Invertida: Anuncia que el consultante puede pasar por un período de tiempo que sin quererlo, y pese a comportarse normalmente, levante suspicacias y envidias entre el entorno laboral. La carta recomienda pasar por momentos de prudencia, dejándose llevar por los acontecimientos sin decantarse hacia uno u otro lado, ya que el hecho de ser partidista podría ser generador de todavía más celos y envidias. Es importante resaltar que al mismo tiempo la carta nos habla del peligro de que aparezcan traiciones, aconseja, pues, prudencia y desconfianza.

INTERPRETACIÓN EN EL AMOR

Derecha: Presagia pasiones, es decir amores de mucha fuerza a nivel sexual pero seguramente de poco contenido interior, romántico o sensual, pero no muy duraderos. Anuncia la llegada de personas de fuerte vitalidad a la vida del consultante, nuevas o futuras parejas que le van a exigir seguramente bastante más de lo que puede conceder. Indica también períodos de bastante promiscuidad.

Invertida: Mal aspectada, es decir, cerca del Ermitaño, el Mundo en posición invertida o incluso con la carta de la Fuerza en esta misma posición, la carta nos anuncia posibles momentos de soledad no buscada y lo que es más importante inesperada y no deseada. Independientemente de lo anterior, el Diablo invertido augura momentos de replanteamientos de la vida amatoria, con un cierto miedo al resultado final, a lo que en definitiva y finalmente pasará.

INTERPRETACIÓN EN LA SUERTE Y EL DINERO

Derecha: Etapa interesante para la búsqueda de inversores, prestamistas o nuevos socios, con los que una vez llegado el momento de repartir resultados o beneficios no habrá ningún problema, al contrario, servirá para estrechar relaciones de cara al futuro.

Invertida: Al igual que ocurría con el trabajo, es posible que haya traiciones, y muy factible que seguramente el consultante sufra engaños o timos de bastante importancia, hasta el límite de desconfiar y dudar de forma total de amistades, familiares e inclusive de su cónyuge.

ARCANO NÚMERO XVI

LA TORRE

LA TORRE

Interpretación general:

Derecha: Tendrás que vigilar mucho para no romper los vínculos laborales. En el amor más atención.

Invertida: Es tu mundo mental, aviso de depresiones motivadas por obsesiones de todo tipo. Conviene paz.

En esta carta, el arcano XVI, vemos una gran torre alcanzada en su cúspide por un rayo que destroza su corona. Dos seres humanos parecen caer de la torre.

Representación general

Estamos ante una carta que significa ruptura, destrucción, e incluso muerte. Es el fin de algo, de una empresa o amor. Representa lo sólido, lo que está construido que se ve alcanzado por el rayo que realiza un acto de justicia.

Simbolismos principales

La torre simboliza la empresa realizada, su base es más ancha que el resto de la construcción, por lo que quiere decir que esta empresa se realizó con una base sólida. No hay que ver esta empresa sólo como un negocio, sino también como un amor o una ideología. Vemos que el rayo alcanza sólo la parte superior, la corona de la torre, que simboliza la cabeza, o el responsable de la construcción de esta empresa.

El rayo cae en el centro de la cabeza de la torre, es decir en el plano psíquico e intelectual, alcanza a nuestro aspecto interior; esto simboliza que puede tratarse de un cambio de valores, y es precisamente la caída de esos dos seres los que significan la caída de esos valores. Los ladrillos son de color carne, lo que nuevamente simboliza una estrecha relación del ser con la empresa realizada, como algo particular. El rayo destruye el poder material y la abundancia. Vemos también que la tormenta se extiende por todo el naipe, por lo que simboliza que todo el ambiente está salpicado por lo acontecido. Es la caída de algo importante. La letra hebrea correspondiente es Peh.

Meditación

Tras una relajación visualizaremos esta carta a tamaño natural, luego poco a poco penetraremos en ella. No nos vamos a identificar con los personajes, sino que entraremos en el interior de la torre. ¿Por dónde? Imaginaremos que tiene una entrada por la parte de atrás, así que la rodearemos para poder entrar y ver su interior.

Esta meditación nos permitirá ver el interior psíquico de una empresa que hemos realizado, de un amor que hemos fecundado o de unos ideales o valores que forman desde siempre parte de nuestra vida. Si en el momento de la meditación estamos ante una situación de derrumbe de valores, esta meditación nos ayudará a ver las causas.

INTERPRETACIÓN EN LA SALUD

Derecha: Es una carta de aviso, que presagia accidentes y caídas, en esta posición derecha simplemente nos avisa de riesgos y por tanto, el peligro de que estos hechos se produzcan no son demasiado importantes, por lo que el consultante no debe preocuparse demasiado.

Invertida: En esta posición el significado de la carta se complementa con la anterior, ya que aquí sí que hablamos de un cierto riesgo real de caída e incluso roturas. Es conveniente pues, vigilar en todo momento la actividad física.

INTERPRETACIÓN EN EL TRABAJO

Derecha: Vuelve a configurarse como una carta de aviso previo a lo que puede ocurrir si el consultante no vigila muy bien sus acciones, estamos hablando de la ruptura o la finalización de un ciclo, habrá un cambio seguramente en la forma de pensar del consultante que influirá en su vida laboral. Podremos intentar averiguar la naturaleza de este cambio, en cuanto a positivo o negativo con las otras cartas circundantes; así, el Mundo en posición derecha nos hablará de positividad, la Fuerza invertida de apatía y malos momentos.

Invertida: La Torre se configura como el mundo mental del consultante, que deberá buscar apoyos e ideas fuera de su círculo habitual para poder superar momentos negativos. Por otra parte esta carta nos avisa de posibles depresiones, así como de momentos mentales un tanto álgidos por culpa de no asumir correctamente los problemas laborales.

INTERPRETACIÓN EN EL AMOR

Derecha: Manifiesta la influencia de miembros familiares en el mundo de la pareja, que deberá mantener discreción absoluta en sus diferentes actividades a fin que de estas interferencias no resulten, sin quererlo, negativas. Al mismo tiempo indica la posibilidad de un replanteamiento de la situación matrimonial o de pareja, que podría ser dirigido por el compañero o compañera del conyugue.

Invertida: Avisa de malos momentos tanto para conquistar, como para ser conquistado. Recomienda al consultante paciencia ante la pretensión de establecer nuevas relaciones y sugiere que potencie más la amistad con personas del sexo contrario que la búsqueda de intereses amatorios, ya que estos podrían representar un fracaso bastante importante. Si junto a la Torre aparece el Ermitaño, el Mago o incluso el Sumo Sacerdote, todo ello indicará que además el consultante deberá meditar muy bien sus pasos antes de ponerse en marcha hacia la acción pretendida.

INTERPRETACIÓN EN LA SUERTE Y EL DINERO

Derecha: Anuncia momentos interesantes tanto para recuperar como para abonar las deudas pendientes. No denota excesiva suerte en juegos de azar, ya que mas bien recomienda prudencia.

Invertida: Se configura como una carta de rechazo que advierte de gastos desmesurados y fuera de control en el hogar, especialmente con los más pequeños de la casa, en fin, nos habla de gastos derivados del mundo de los niños.

ARCANO NÚMERO XVII

LA ESTRELLA

Interpretación general:

Derecha: Buenos augurios en general. Interesante aumento de capital. Días de gran creatividad amorosa.

Invertida: Cuidado con los gastos vinculados con la pareja. Retrasos en cosas relacionados con el trabajo y amor.

En este arcano vemos una mujer joven y bella que vierte con dos cántaros agua en el río. La doncella está desnuda y en el cielo vemos brillar ocho estrellas. La carta también aporta elementos como plantas y aves.

Representación general

Este arcano número XVII representa lo bello, el resplandor y la suerte. Es un arcano lleno de simbolismos que nos aportan gran número de buenos presagios.

Simbolismos principales

La doncella de la carta simboliza la belleza, la juventud. Vierte agua sobre el agua, pero de dos jarras distintas, una de ellas de oro y la otra de plata, todo ello simboliza que está vivificando el agua, dándole más fertilidad. La doncella está desnuda, no precisa ropa, no tiene nada que ocultar, símbolo de pureza terrenal y original.

Pero la lámina también comporta otros elementos muy peculiares. Los árboles, uno de ellos con un pájaro de color negro. El pájaro de color negro siempre es augurio de que algo malo puede ocurrir. También advierte a la doncella que esa belleza, esa pureza es efímera.

El cielo está lleno de estrellas, ocho exactamente, y de ocho rayos. En la principal surgen ocho rayos de oro y ocho de fuego verde. Estamos ante el símbolo de la luminosidad y el símbolo del guía perdido. El ocho es un número mágico, símbolo de justicia, de orden universal, y tumbado es el infinito. Su forma octagonal es alquímica y esotérica. La letra hebrea que corresponde a este arcano es Tzaddi.

Meditación

Visualizaremos este arcano a tamaño natural y penetraremos en su interior tanto si nuestro sexo es masculino como femenino, nuestra actitud en esta meditación será de observación. Meditaremos sobre la mujer, su belleza y la efimeridad del tiempo. Si tenemos presentimientos de malos augurios meditaremos sobre ellos contemplando el pájaro negro. Finalmente dedicaremos la meditación a las estrellas, viendo en ellas la posibilidad de un guía que nos ayude en nuestra situación. También meditaremos sobre la importancia del número ocho, su valor esotérico y su relación con nosotros. Tumbaremos el ocho que nos llevará al infinito y nuevamente al transcurrir del tiempo.

INTERPRETACIÓN EN LA SALUD

Derecha: Augura períodos interesantes para la salud, fortaleza y vigor, especialmente por todo lo que se refiere a la salud a nivel mental y cerebral. La aparición de esta carta representa sinónimo de éxito y triunfo, de vitalidad mental.

Invertida: Anuncia pequeñas preocupaciones a nivel mental que pueden afectar en el día a día, algún disgusto de más o pequeñas molestias por causas de depresión, etc. En el fondo no es nada serio y por tanto mucho menos, grave.

INTERPRETACIÓN EN EL TRABAJO

Derecha: Marca lo interesante del momento para lanzar las energías de la mente hacia su consecución. Augura períodos muy interesantes de creatividad, imaginación y emotividad, aspectos éstos que laboralmente serán muy interesantes para el consultante si los sabe aprovechar convenientemente en su propio beneficio. Por otra parte la carta de la Estrella junto al Sol en posición de derecha o a la Rueda de la Fortuna en idéntica posición, nos anuncia etapas muy favorables de crecimiento laboral, así como de una gran valía profesional y personal.

Invertida: Anuncia un retraso en la resolución de lo esperado y aconseja agilizar al máximo aquellos problemas pendientes de resolución. Es también una carta que nos habla del compañerismo y nos invita a fortificar las relaciones laborales con el entorno, especialmente si cerca de la Estrella surgiera el Mundo o los Enamorados.

INTERPRETACIÓN EN EL AMOR

Derecha: Marca períodos de gran fuerza a nivel romántico. Etapas de mucho interés para la pareja y para el consultante, tiempos de potenciar al máximo la ternura, la dulzura y todos aquellos valores y cualidades más íntimos del ser. En caso de carecer de pareja, si la carta aparece como respuesta a una pregunta de búsqueda de la misma o se manifiesta como carta representante del consultante, nos indicará que el momento no puede ser mejor para hallar lo que se busca, ya que el consultante atrae sobre sí mismo a las estrellas, a la fuerza del universo, consiguiendo brillar con luz propia.

Invertida: Nos ofrece un significado similar al anterior aunque un tanto antagónico, ya que en esta ocasión hablamos de la necesidad de potenciar al máximo todo lo relacionado con la valía personal, como si de una estrella se tratase, es decir, el consultante deberá esforzarse cuanto pueda en mostrar al mundo lo que vale para ser oído y visto.

INTERPRETACIÓN EN LA SUERTE Y EL DINERO

Derecha: Presagia posibilidades interesantes para el aumento del dinero, también crecimiento del ahorro y la inversión. Anuncia buenos beneficios. Es una carta que nos habla de la posibilidad de ganar en loterías y juegos de azar, si aparece cerca de la Rueda de la Fortuna y también del Mago, siempre y cuando las cartas estén en posición derecha.

Invertida: Aconseja cuidado en los gastos, anuncia imprevistos y gastos de bastante relevancia, relacionados con la pareja y la salud.

ARCANO NÚMERO XVIII

LA LUNA

Interpretación general:

Derecha: Salud sexual mala. Reorganización laboral a medio plazo. Prudencia en las inversiones.

Invertida: Cuidado con el dinero, no te excedas en los gastos. Posibles malos entendidos en el trabajo.

Esta lámina está presidida por la luna, cuyo efecto parece alcanzar a todo el entorno. Vemos también dos perros que ladran a la Luna, una gran laguna y un cangrejo que la preside, así como dos castillos de oscuras ventanas.

Representación general

Algo en esta carta nos habla del pasado y de la necesidad de renovación. También nos augura un período de tinieblas, de oscuridad y de misterio.

Simbolismos principales

Las casas con sus puertas negras son la entrada a las tinieblas, a lo desconocido. La Luna está llena, con todo su poder, hecho que se manifiesta a través de los muchos rayos que irradía, pero por si eso fuese poco, también esparce unas gotas que alcanzan a todos los elementos de la carta. Los perros se enfrentan a la Luna, le ladran como simbolismo de tratar de restablecer el orden y defender la propiedad. Pero observemos que un perro lo hace con el rabo alto, símbolo de valor, el otro con rabo caído, símbolo de temor.

Hay pues una bipolaridad, enfrentarse a los acontecimientos con valor o temor; esta bipolaridad también la observamos en los colores, que representan impulsos buenos y malos. El lago es símbolo de misterio, de la profundidad oculta que puede ser nuestra propia psique, pero además aparece un cangrejo, que simboliza una marcha hacia atrás, una regresión hacia el pasado o una involución. La letra hebrea correspondiente es Qof.

Meditación

Una carta especialmente indicada para meditar cuando estamos sometidos a la duda de haber tomado un camino equivocado en algo que hemos realizado, y cuando nos enfrentamos a la resolución de tener que volver hacia atrás. También cuando los acontecimientos nos han llevado a una situación extraña y misteriosa que nos hace dudar en seguir hacia adelante.

Nos relajaremos y visualizaremos la carta a tamaño natural; si esta meditación la hacemos de noche en un día de luna llena, su acción nos fortalecerá y nos potenciará. Una vez dentro de la carta realizaremos una regresión para concretar las causas que nos han llevado hasta el punto que nos encontramos, y decidiremos si queremos seguir adelante o regresar al punto de partida.

INTERPRETACIÓN EN LA SALUD

Derecha: Avisa de posibles males internos, especialmente en aquellas zonas derivadas de los órganos reproductores. En el caso de que la pregunta del consultante vaya por este camino, la carta le recomienda una visita ginecológica.

Invertida: La Luna al revés no siempre es un buen presagio, ya que nos habla de dolencias en la mente, dolencias provocadas por depresión e inseguridad. Es una carta que advierte al consultante sobre la posibilidad de pasar momentos de muchas dudas, dudas que mermarán su salud, aunque saldrá bastante bien parado de ellas.

INTEPRETACIÓN EN EL TRABAJO

Derecha: Anuncia recolocaciones y reorganizaciones laborales. Aconseja al consultante que replantee su futuro a medio y largo plazo.

Invertida: Vuelve a ser una carta con matices algo negativos por lo que se refiere al mundo laboral, en especial centrado en las relaciones con los superiores, ya que le advierte al consultante de la posibilidad de tener problemas con sus jefes por pasar un momento de excesiva suspicacia. Por otro lado, advierte de posibles malos entendidos y discusiones, provocados por falta de claridad en los conceptos y, que se podrán plantear en reuniones y decisiones de trabajo.

INTERPRETACIÓN EN EL AMOR

Derecha: Anuncia etapas interesantes para el romanticismo, aunque etapas que serán muy cambiantes, es decir que el consultante puede encontrarse con una persona muy variable y con situaciones muy cambiantes en el comportamiento de su pareja, aunque por encima de todo ello prevalecerá el romanticismo.

Invertida: Anuncia problemas de una sensibilidad extrema. Advierte de homosexualidad y dudas en cuanto a los conceptos a seguir en la vía del amor. Por otro lado aconseja al consultante que busque claramente en su interior, qué es lo que quiere de verdad de su pareja y, qué es lo que le puede ofrecer, ya que sólo de esta manera podrá haber armonía entre ellos. Finalmente cabe decir que es una carta que anuncia cambios que por otro lado serán muy rápidos y contundentes.

INTERPRETACIÓN
EN LA SUERTE Y EL DINERO

Derecha: Anuncia tiempos de reorganización económica. Aconseja prudencia a la hora de realizar inversiones con socios o aconsejado por otras personas, que pese a su buena fe, pese a sus buenas disposiciones carecerán de objetividad.

Invertida: Es una carta que también económicamente nos recuerda la salud mental y nos advierte del peligro del dinero sobre la mente. Por todo ello la aparición de esta carta debe ser tomada por el consultante como una señal de cara a preparar los malos tiempos que están por llegar, de forma que puedan ser afrontados con valentía, pero especialmente con serenidad. La carta también dice: cuidado con el dinero, aunque no expresa qué ocurre con él, aunque sí advierte al consultante no se exceda en los gastos y controle mejor sus ingresos.

ARCANO NÚMERO XIX

EL
SOL

Interpretación general:

Derecha: Días de armonía y unión feliz. Amistad. Tranquilidad. En marcha nuevas empresas. Deporte.

Invertida: Reorganízate en el terreno laboral. Momentos muy difíciles para firmar documentos y escrituras.

Así como en el arcano anterior el protagonismo lo tenía la Luna, en este arcano lo tiene el Sol con todo su esplendor. El Sol ilumina a una pareja de niños semidesnudos que se abrazan y los baña con sus rayos.

Representación general

Esta carta representa la unión feliz, la armonía, la reconciliación, la amistad, la tranquilidad y la gratificación. Es una carta de pureza y de gratificacion.

Simbolismos principales

El principal simbolismo de esta carta es el Sol, que representa la fuerza, el poder, el astro rey que todo lo baña con sus rayos. El poder que da vida y gratifica a todos. Por este motivo el astro rey nos mira de frente, sin miedo, mostrando su poder de forma cegadora. Vemos dos niños que se abrazan, pueden ser un niño y una niña, están semidesnudos, lo que simboliza que no tienen nada que ocultar.

También simbolizan pureza y su desnudez está bañada por el Sol que los armoniza. Se trata de niños y no adultos para representar la inocencia. Ambos se abrazan, lo que quiere decir una reconciliación o una muestra de refuerzo de su amistad. Vemos sin embargo, que uno de ellos apoya firmemente los pies en el suelo y el otro no, o sea que uno es más racional y más pragmático que el otro. Letra hebrea Resh.

Meditación

Estamos ante una meditación que podemos realizar conjuntamente con nuestra pareja. Servirá para reconciliarnos si ha existido algún contratiempo, o para unirnos más cuando ya todo funciona bien. Aconsejaríamos realizar esta meditación al aire libre, en un día de Sol y aprovechar el estar bañado por los rayos solares igual que la pareja que aparece en la carta. Para ello actuaremos como en las meditaciones anteriores, pero esta vez al unísono.

Nos sentaremos en posición meditativa el uno junto al otro y entrelazaremos uno de nuestros brazos. Nos relajaremos y visualizaremos la escena de la carta del Tarot, penetrando en su interior e identificándonos con cada uno de los personajes que previamente habremos elegido. Sentiremos –como los niños de la carta–, que los rayos del sol bañan nuestro cuerpo, lo que nos dará más fuerza en la meditación. Y el contacto del uno con el otro servirá para armonizarnos, unirnos más, aumentar nuestra amistad y reconciliarnos si ha existido algún problema.

INTERPRETACIÓN EN LA SALUD

Derecha: Palabras como vitalidad, energía, fuerza y vigor, podrían servir perfectamente para ilustrar el significado de esta carta con respecto a la salud, ya que es una lámina que nos anuncia plenitud a nivel salud.

Invertida: En esta posición no pone pegas a nuestro estado físico ni mental, tan sólo nos recomienda una revisión de rigor en la vista, ya que anuncia período de cansancio visual.

INTEPRETACIÓN EN EL TRABAJO

Derecha: Manifiesta un excelente período de tiempo para todo lo relacionado con la puesta en marcha de nuevas empresas, búsqueda de nuevo empleo u organización de nuevas sociedades comerciales, que por difíciles que parezcan nacerán con fuerza y energía, aspectos éstos que reforzarán cartas como el Mago, el Diablo en posición derecha o la carta de la Muerte.

Invertida: Recomienda al consultante una reorganización de sus aspectos laborales que podrán decaer en fuerza y energía, de forma especial si cartas como el Colgado, la Fuerza, la Torre o el Carro están cerca en posición invertida. Por otro lado es importante, según indica la tónica general de esta carta, que el consultante se asesore bien en los movimientos laborales a realizar, ya que de otra manera podría sufrir errores importantes.

INTEPRETACIÓN EN EL AMOR

Derecha: Presagia varios encuentros con personas de carácter fuerte, incluso un tanto posesivas, que influirán notablemente, pero de forma positiva y constructiva en el consultante, recibiendo incluso enseñanzas de ellas o sabios consejos por lo que a sentimientos se refiere, si cerca del Sol aparecen cartas como el Ermitaño o incluso el Juicio. Anuncia también períodos de compartir la pareja de forma pasional, con bastante actividad sexual, con riesgo de alguna dolencia en este campo, si cerca apareciera la carta del Diablo en posición invertida.

Invertida: Recomienda mucha prudencia con las amistades, ya que con alguna de ellas podría gestarse algún tipo de relación que vaya más allá de la amistad, involucrando por ello a terceras personas. Anuncia rupturas de pareja si se encuentra cerca del Carro o la Torre, ambas en posición invertida, rupturas que vendrán motivadas por una falta de revitalización de la pareja y su mundo interior. La carta aconseja dar más empuje a la pareja con creatividad, aspectos novedosos y fortalecedores.

INTERPRETACIÓN EN LA SUERTE Y EL DINERO

Derecha: Anuncia obtención de beneficios rápidos. Epocas interesantes para herencias y cobros de deudas pendientes.

Invertida: Presagia momentos difíciles en la firma de documentos y contratos financieros e inmobiliarios. Aconseja prudencia en los compromisos económicos.

ARCANO NÚMERO XX

EL JUICIO

Interpretación general:

Derecha: Esta carta nos anuncia llamadas al orden general de todas las cosas. lo que siembres, recogerás...

Invertida: Malos momentos sentimentales. Necesidad de un chequeo pues la salud va floja. ¡Atención general!

En este arcano vemos al Arcángel San Gabriel alado que desde lo alto del cielo nos anuncia con una trompeta la hora del Juicio Final. Su llamada es cegadora y deslumbrante. También aparecen otras figuras desnudas.

Representación general

No hay lugar a dudas, este arcano número XX representa el Juicio Final, la hora de rendir cuentas. Es el momento de separar lo material de lo espiritual.

Simbolismos principales

El Arcángel San Gabriel lleva alas terrenas, lo que simboliza que viene a rendir cuentas sobre los aspectos terrenos. Sus rayos se extienden por todo el naipe, lo que también simboliza que nadie está exento de este juicio. La tumba que aparece en la imagen simboliza el receptáculo donde nosotros guardamos nuestros pecados, las malas acciones, todo aquello que nos hace tener remordimientos. Al abrir la tumba estamos desvelando nuestras malas acciones. Vemos que las figuras humanas que aparecen en la carta están desnudas, símbolo de que no pueden ocultar nada, y nada se escapará al juicio final. Una de las figuras es una anciana con barba blanca, la otra es una joven doncella.

La barba blanca muestra experiencia, pero el simbolismo de las dos figuras representa que el juicio llega para todos. La tercera figura sale de dentro de la tumba, y no sale de forma esquelética, lo que representa una renovación. Estamos también ante una renovación de viejos proyectos y aclaración de situaciones, así como la separación de lo material de lo espiritual. Letra hebrea correspondiente: Sin.

Meditación

Esta es una carta para meditar sobre todas nuestras acciones, una especie de autorreflexión sobre lo que hemos hecho, especialmente mal en la vida. Pero debemos de hacer esta meditación. Reflexión con sinceridad, ya que cosas que consideramos haberlas hecho bien pueden ser malas, para ello recapitularemos sobre si nuestras acciones han dañado a los que nos rodean. Actuaremos como en las cartas anteriores, nos relajaremos y visualizaremos la escena a tamaño natural. No nos identificaremos con nadie, sino que penetraremos en la carta como un personaje más y nos autojuzgaremos haciendo un repaso a toda nuestra vida.

INTERPRETACIÓN EN LA SALUD

Derecha: En este apartado la presente lámina no nos dice gran cosa, ya que únicamente se nos recomienda prudencia con las articulaciones, especialmente con las superiores.

Invertida: Nos habla de la necesidad de prestar más atención a nuestro cuerpo. Aconseja un chequeo, una revisión a todos los niveles. Básicamente es una carta que hace una llamada de atención al consultante diciéndole que pasará por períodos poco recomendables de atención a sí mismo, aspecto éste que, a largo plazo, le puede perjudicar.

INTERPRETACIÓN EN EL TRABAJO

Derecha: El Juicio siempre nos hace llamadas al orden, a la atención. En el caso laboral y a nivel más puramente predictivo, nos advierte de juicios, disputas y planteamientos tanto con compañeros de trabajo como con los superiores, pero independientemente de ello, esta lámina nos dice que es necesario estudiar muy bien nuestra situación en el mundo laboral, advirtiéndonos de la importancia de emitir un juicio imparcial sobre nosotros mismos, a fin de valorar nuestras capacidades reales de trabajo.

Invertida: Es muy mal presagio, mas si estuviera cerca del arcano de la Torre en posición invertida, nos habla de ruinas, incluso despidos o cierre de empresas, con salidas más o menos airosas dependiendo de las otras cartas cercanas, esto es con una salida más airosa si cerca encontramos la Rueda de la Fortuna, el Carro derecho, que en este caso nos hablaría de nuestra valía acumulada a lo largo de los años, o el Mago, también en posición derecha, que nos reafirmaría como vencedores en una lucha que no ha sido provocada. Si por el contrario, las cartas complementarias fuesen el Mundo al revés, el Emperador en posición invertida o la Torre en esta misma posición, las cartas sugieren al consultante que se arme de valor porque los desenlaces no serán especialmente gratos.

INTERPRETACIÓN EN EL AMOR

Derecha: Presagia encuentros con personas interesantes. Hallazgo de nuevas parejas. Incluso reencuentros con personas del pasado. En otro aspecto el Juicio a nivel sentimental es un aviso, ya que augura en un futuro bastante cercano el replanteamiento de la relación de pareja, así como de sus objetivos principales.

Invertida: Esta lámina nos anuncia malos momentos en el mundo sentimental. Aconseja al consultante aislarse un poco del mundo y si su pretesión es buscar pareja, le recomienda que deje pasar un tiempo antes de dedicarse a ello, ya que los condicionantes de su entorno y sus ideas no van a estar claras. Presagia también la posibilidad de encontrar una persona interesante que provocará cuestionamientos continuos en el modo de llevar la vida sentimental.

INTERPRETACIÓN EN LA SUERTE Y EL DINERO

Derecha: Anuncia momentos interesantes para juegos de azar y loterías, aunque con pequeñas y reducidas ganancias.

Invertida: Presagia períodos importantes para el ahorro, así como la adquisición de valores inmobiliarios.

ARCANO NÚMERO XXI

EL MUNDO

Interpretación general:

Derecha: Esta carta podría anunciarte éxito, victoria, plenitud y un gran premio. Tú dirás si te los mereces.

Invertida: Ligeras molestias respiratorias. Son momentos interesantes para trabajar en solitario. Prudencia.

En esta carta vemos muchos y variados elementos. Una doncella en el centro con una corona que parece soportar un ángel y un ave. También aparece un toro y un león, así como cuatro símbolos en las esquinas.

Representación general

Estamos ante una representación del mundo en general, de todo lo que es y ha sido. Una carta que representa victoria, éxito, la realización, la plenitud y el premio.

Simbolismos principales

Para algunos tarotistas, las representaciones que aparecen en las cuatro esquinas de la carta, son los elementos del mundo: el agua, el aire, el fuego y la tierra. Para otros tarotistas son los símbolos de los evangelistas: san Mateo, san Marcos, san Juan y san Lucas. Estos elementos tanto de simbolismo alquímico o evangelistas delimitan a la figura central, que es la diosa Gea, la Tierra.

La diosa Gea es una joven desnuda cubierta con un ligero velo rojo que simboliza la actividad. La varita que porta es el poder a través del cual puede hacer uso. Sobre ella, un ángel a la izquierda y un ave a la derecha, enmarcan su corona de laureles que tiene un claro simbolismo de victoria. La carta también presenta, junto a Gea, dos animales más: el león y el toro. El león, simboliza la fuerza y el poder, el rey de todos los animales, y el toro, la virilidad. Gea domina a ambos animales. Esta es la última carta de la baraja del Tarot correspondiente a los arcanos mayores, por lo menos la última carta que está numerada, pues la siguiente veremos que no posee número. La letra hebrea correspondiente a esta carta el Tau.

Meditación

Como en anteriores cartas procederemos a relajarnos y visualizar todo su conjunto. Deberemos de realizar la visualización con calma, ya que son muchos los elementos que comportan este arcano y todos deben quedar fijados en la imagen que después reproduciremos a tamaño original delante de nosotros y en la que penetraremos. No se trata de identificarnos con la joven mujer que hay en este carta, sino identificarnos con su simbolismo, que es la tierra. Así pues nos identificamos con el mundo, con lo que constituye, con un elemento del que descendemos y que forma parte de nosotros y, como tal debemos de proteger y respetar.

INTEPRETACIÓN EN LA SALUD

Derecha: El mundo nos habla de la protección del entorno hacia el consultante, por ello esta carta indica buenos augurios para la salud, anuncia rápidos restablecimientos y marca una etapa interesante de bienestar corporal.

Invertida: Anuncia ligeras molestias internas en el aparato respiratorio; pulmones y bronquios básicamente. También nos previene sobre la posibilidad de tener cierto tipo de alergias.

INTERPRETACIÓN EN EL TRABAJO

Derecha: La salida de esta lámina en asuntos laborales y refiriéndose al consultante es, ante todo, un gran éxito, ya que por una lado nos incita a exponer a los demás, al entorno, nuestras ideas, proyectos y ambiciones, que serán recibidos con entusiasmos y apoyo a su realización. El consultante entrará en un período de contagio, sabiendo vender, como se dice vulgarmente un cubo de hielo a un esquimal; debe pues aprovechar al máximo sus contactos en el mundo laboral, o intentar el cambio de trabajo o la ascensión de categoría en el que ya ocupa. Si de lo que se trata es de buscar trabajo, ahora es el momento, y los resultados, si están cerca el Sol o la Estrella, serán gratificantes.

Invertida: Momentos interesantes para trabajar en soledad, para compartir pero solo a medias, ideas y proyectos, ya que el entorno, en este caso asesores, amigos o familia, no estarán en condiciones de asesorar al consultante como éste podría merecerse, dado que puede ofrecerle visiones erróneas que más que beneficiarle, posiblemente le perjudicarían.

INTERPRETACIÓN EN EL AMOR

Derecha: Anuncia creatividad, boda, uniones con frutos, creación de nuevos hogares, enlaces.

En sí, podemos decir que estamos ante una carta muy buena para los que buscan o necesitan cariño y amor, pero sobre todo y de forma muy especial, para los que quieren compartir ese amor de manera estabilizada día a día. Esta carta también nos habla del enamoramiento a un nivel muy pasional y cerebral más que a un nivel físico.

Invertida: Manifiesta una etapa de soledad buscada y voluntaria, con el peligro para el consultante de alejarse sin buscarlo de su pareja y por tanto de su vida sentimental. La carta recomienda encarecidamente, potenciar al máximo la pareja o la búsqueda de ella, procurando olvidar y dejar a un lado el auto retiro o la auto soledad, ya que en caso contrario sería muy fácil que este espacio de tiempo que en principio es voluntario, se alargase más de lo deseado con verdaderos perjuicios para el consultante, que además no estará en condiciones de potenciar su vida a nivel amistad, ya que los amigos y el entorno se van a alejar un poco de él.

INTERPRETACIÓN EN LA SUERTE Y EL DINERO

Derecha: Presagia etapas interesantes para la inversión en sociedad o inversión en grupo con otras personas, nunca en soledad.

Invertida: Advierte de endeudamiento y aconseja mucha prudencia en el gasto y muy especialmente las compras.

ARCANO NÚMERO XXII

EL LOCO

Interpretación general:

Derecha: Buscas lo esotérico, la parte espiritual de las cosas de este mundo. ¡Tendrás que luchar!

Invertida: Pérdidas de dinero. Descontento en la pareja producido especialmente por tu nueva línea.

Es la carta sin número en la que vemos a un hombre que camina ayudado de un palo y lleva en su hombro otro palo del que cuelga una alforja. Su traje es de bufón y un animal intenta sujetarlo.

Representación general

Este último arcano sin número representa al loco, al aventurero, al que deja todo para internarse en parajes desconocidos.

Simbolismos principales

Al no tener número es algo que no comporta este mundo, que está fuera de él. Al llevar un vestido de bufón quiere simbolizar que la gente se ríe de él. de su locura o de su gran cordura interior que para los otros parece locura. Su actitud de caminar con sus escasos enseres simboliza que ha cortado con todo, que inicia un nuevo camino, un camino para unos de locura y para él, interior. El palo representa la veleidad, su interés o voluntad. La alforja son sus vivencias pasadas o sus escasos recursos. La alimaña que intenta pararlo es el incomprendido ser u animal que no entiende a donde va. En la carta observamos que no hay nada en el fondo, el horizonte está vacío, el loco se interna en el vacío interior para encontrar todo. Su letra hebrea es la más importante de todas, la letra Aleph.

Meditación

Esta es una carta exclusivamente para meditar cuando hemos tomado la determinación de la búsqueda interior y el entorno en que vivimos se vuelve hostil contra nosotros, nos acusa de locura, al no creer en nuestra búsqueda verdadera de una espiritualidad superior, incluso se ríen de nosotros. Nos tratan de detener al ver que meditamos o nos hemos sumergido en las artes esotéricas y en su profundo estudio.

Como en cartas anteriores debemos de relajarnos y visualizar a tamaño natural el personaje de esta carta; una vez hecho esto debemos de identificarnos con él. La identificación con este personaje servirá para reafirmar nuestra postura en el camino que hemos elegido y para saber que seremos incomprendidos por quienes consideran el mundo de una manera materialista y profana, vacía de toda espiritualidad. Nuestra locura nos lleva a la búsqueda interior, eso no es locura sino conocimiento.

INTERPRETACIÓN EN LA SALUD

Derecha: A grosso modo anuncia tensiones en la circulación de la sangre y por tanto recomienda relax, períodos de tranquilidad y estacionamiento, en especial aconseja al consultante que no realice esfuerzos de ningún tipo.

Invertida: Manifiesta peligro de accidentes con fracturas o golpes bastante pronunciados. Aconseja prudencia en deportes de riesgo y en especial en excursiones o salidas a la naturaleza.

INTEPRETACIÓN EN EL TRABAJO

Derecha: Es una carta un tanto extraña en el mundo laboral, ya que pese a tener un significado general de dispersión en el trabajo, habrá que leerla teniendo en cuenta siempre lo que nos dicen las cartas que la acompañan, en especial, la Fuerza, que indicará períodos de apatía ejecutiva pero de mucha actividad cerebral, el Mago, que influenciará sobre la carta provocando una dicotomía entre cuerpo y mente entre acción y decisión y, el Ermitaño, que reforzará la dispersión con dudas y esquemas mentales a realizar.

Invertida: En esta posición, también será necesario tener en cuenta las otras cartas, ya que si a nivel general nos muestra la incapacidad del consultante para salir adelante en el trabajo, deberemos tener en cuenta láminas como: el Carro, que provocará tardanzas en las resoluciones de los proyectos e ideas; el Diablo, que insuflará desconfianza en el entorno; y la Torre, que ayudará a que el consultante todavía vea más difícil su camino de salida.

INTERPRETACIÓN EN EL AMOR

Derecha: Afortunadamente en este aspecto el Loco no es tan complicado, ya que nos augura éxitos en aventuras y pequeñas conquistas, que dejarán enormes huellas en un principio y que el tiempo, a corto plazo borrará sin dificultad. Presagia el hallazgo de un amor interesante pero imposible por las circunstancias del entorno, algo que hará "enloquecer" al consultante al ver la incapacidad de tirar el proyecto hacia adelante.

Invertida: Manifiesta descontento, por parte de la pareja y el entorno, que no entenderá las acciones realizadas por el consultante, criticándole y poniendo en tela de juicio todo cuanto haga si cerca aparece el Mundo al revés. Por otra parte la carta también nos dice que el consultante podría entrar en un período de comportamiento extraño motivado por sus relaciones con el entorno que ejercerá influencias negativas sobre él, por lo cual será prudente ser consecuente con los actos que se realicen.

INTERPRETACIÓN EN LA SUERTE Y EL DINERO

Derecha: Anuncia períodos interesantes para arreglar papeles derivados de temas legales y monetarios. También augura una buena época para reorganizar temas bancarios y de ahorro.

Invertida: Avisa de pérdidas de dinero en malas inversiones, en juegos de azar y loterías. Recomienda no administrar el dinero y ceder por un tiempo esta responsabilidad a otra persona.

El arcano de La Emperatriz, del tarot dibujado por Salvador Dalí en el que se aprecia la imagen de Gala, su compañera.

5
El futuro del tarot

El que acude a un tarotista no debiera pretender le adivinaran su porvenir, ni lo bueno ni lo malo que le vaya a suceder, aunque esto es lo que generalmente ocurre.

El que de verdad esté angustiado ante un problema en el que no vea solución, o bien no sabe decidir qué camino tomar, vaya éste a un buen tarotista –que buenos los hay–, y expóngale el problema en cuestión.

Con la lectura de las cartas del Tarot junto a la mundología y experiencia del Consultor siempre se pueden encontrar senderos para llegar a un camino de posible solución.

ACONSEJAR ES HACER RECORDAR LO QUE YA SE SABE, PERO QUE COMO ESTÁ EN EL SUBCONSCIENTE A VECES SÓLO NO PUEDE AFLORAR.

EL FUTURO DEL TAROT

En las últimas décadas el Tarot ha sufrido una crisis de desprestigio como consecuencia de la cantidad de tarotistas que han invadido esta práctica. Lamentablemente la inmensa mayoría de ellos han buscado en el Tarot un "modus vivendi" o una forma de aprovecharse de las personas que, habiendo oído hablar de la importancia del Tarot como arte adivinatorio, acuden a estos lugares para poder conocer su futuro.

La mayor parte de estos tarotistas, que incluso ya vemos por las calles con su mesita ofreciendo sus servicios, tienen un escaso conocimiento del Tarot. Indudablemente saben "tirar" las cartas, saben la interpretación de cada una, pero desconocen otros factores importantes de este antiguo y esotérico mazo de cartas.

No basta con saber tirar las cartas y conocer su significado. Para ser un verdadero tarotista son necesarios muchos años de estudio de la historia del Tarot, de sus antecedentes, del Tarot de Marsella, de las peculiaridades de las cartas y de sus pequeños detalles.

Para ser un verdadero tarotista hay que haber vivido el fundamento mágico del Tarot. Hay que desengañarse de esos falsos tarotistas que invaden el mercado, de esos vendedores de ilusiones, de esos jugadores del Misisipí que sólo valoran éstas cartas como naipes cuidadosamente dibujados. El Tarot es algo más y el futuro del Tarot pasará por ese algo más.

No podemos hablar del futuro del Tarot sin entrar en una de las peculiaridades que entraña la adivinación a través de estas cartas. Tirar las cartas del Tarot no sólo significa ver sus dibujos, interpretarlos y dictar consecuencias, hay algo más. El juego del Tarot está rodeado de una predisposición interior, está conducido no sólo por el mero manejo de las cartas, sino también por aspectos parapsicológicos que influirán en el resultado. Si tirador y consultante no han tomado una buena predisposición interior antes de iniciar la tirada, ésta puede ser completamente inútil.

Pese a todos esos tarotistas de mercado que invaden los periódicos, las revistas y las calles ofreciendo sus servicios y desacreditando un arte de adivinación tan antiguo y poderoso, el Tarot sobrevivirá y tendrá un futuro importante. Por lo menos así lo ven algunos especialistas que acogen esta práctica bajo las tendencias más avanzadas de la psicología transpersonal.

Los nuevos psicólogos transpersonales ven el Tarot bajo una nueva perspectiva netamente revolucionaria. En realidad no se trata de nada nuevo, sino de la aplicación de técnicas milenarias que habían sido olvidadas y arrinconadas por el racionalismo, conductismo y empirismo actual.

Para estos psicólogos transpersonales la utilización del Tarot entraña una profunda relación entre el consultante, el tirador y las cartas. **Ven el Tarot como un medio importante para desencadenar en el consultan-**

te fuerzas internas de su mente y su consciencia, fuerzas que actuarán sobre el tirador, fuerzas que actuarán sobre los naipes, fuerzas que tendrán una importante repercusión sobre la tirada, y en consecuencia sobre los resultados. Así, por ejemplo, el Tarot puede desencadenar en el cerebro del consultante estados especiales que le permitan entrar en su subconsciente y acceder a datos que normalmente no utiliza, esos datos se naturalizarán sobre las cartas y sus resultados.

Así el futuro del Tarot, practicado con conocimiento histórico de sus imágenes y teniendo en cuenta estos efectos de la nueva psicología, puede convertirse en una interesante herramienta para consultar. Sabemos que a través del psicodrama y otras técnicas, lo que se hace es desencadenar la mente a otros estados.

El Tarot puede hacer lo mismo, siempre y cuando tarotista y consultante sepan como aplicar esta técnica, para penetrar así en lo más profundo del subconsciente y tener acceso a informaciones que, en muchas ocasiones, se mueven fuera del espacio y del tiempo, y por tanto tienen acceso a datos que están en el futuro, que es en realidad lo que se pretende alcanzar con la adivinación a través del Tarot.

Indudablemente este planteamiento transpersonal del Tarot no es nuevo. Antiguamente cualquier práctica de adivinación requería la necesidad de desencadenar un estado especial de consciencia, una situación determinada en la que la mente tiene acceso a otros niveles de información de la mente. Los nuevos psicólogos entienden, por ejemplo, como María Antonieta pudo, a través de las cartas del Tarot, precisar con tanta exactitud su muerte en la guillotina.

Para los psicólogos transpersonales María Antonieta se encontraba ya en un estado mental especial, debido a su encierro conocía los ecos de muertes que acaecían en su entorno. Los gritos de la muchedumbre, el ruido de la guillotina, el ambiente revolucionario, llevó a la noble dama a un estado alterado de su mente –sabemos que la proximidad de la muerte nos permite acceder a niveles muy especiales de la mente humana–, y ese estado fue el que influenció con tanta fuerza en su tirada premonitoria.

El Tarot tiene un futuro importante siempre y cuando su práctica se realice con seriedad, sin ánimo de excesivo lucro y con un profundo conocimiento de las cartas, su historia y de la nueva psicología que hoy desplaza a los viejos conceptos vacíos de una época que evoluciona profundamente.

LA ENERGÍA QUE EMANA DEL CONSULTOR CUANDO ECHA LAS CARTAS DEL TAROT PUEDE TRANFORMARSE EN UN ELEVADO AMOR HACIA EL PRÓJIMO.

ÍNDICE

Introducción 9

1
BUSCANDO LOS ORÍGENES 13
Buscando los orígenes 15
Hacia el principio de los naipes 16
Las cartas en los países europeos 17
Naipes franceses y españoles 18
Las cartas del Tarot 19
Una finalidad adivinatoria 20

2
EL ARTE DE TIRAR LAS CARTAS 23
La importancia de la actitud mental 25
Elección del sistema de interpretación 26
El arte de barajar y cortar 27
Meditación sobre la pregunta 28

3
LOS DIFERENTES SISTEMAS DE TIRAR LAS CARTAS 29
Sistemas de respuesta rápida Sí o No 31
Tirada astrológica 33
Tirada de la pirámide 36
Tirada de la Cruz Mística 38

Tirada del círculo celestial 40
Tirada de las veintiún cartas....................................... 42
Tirada del cuadro mágico... 43
Tirada bohemia.. 46
La tirada de la Cruz Celta 47
Tirada del abanico 50
Tirada de la Estrella Mística 51
Tirada del árbol de la vida 52

4
SIGNIFICADO E INTERPRETACIÓN DE CADA UNO DE LOS ARCANOS MAYORES DEL TAROT 55
Arcano I. El Mago 56
Arcano II. La Sacerdotisa.. 60
Arcano III. La Emperatriz 64
Arcano IV. El Emperador.. 68
Arcano V. El Sumo Sacerdote 72
Arcano VI. Los Enamorados 76
Arcano VII. El Carro 80
Arcano VIII. La Justicia.. 84
Arcano IX. El Ermitaño 88
Arcano X. La Rueda de la Fortuna 92
Arcano XI. La Fuerza.. 96
Arcano XII. El Colgado 100
Arcano XIII. La Muerte 104
Arcano XIV. La Templanza 108
Arcano XV. El Diablo 112
Arcano XVI. La Torre 116
Arcano XVII. La Estrella.. 120
Arcano XVIII. La Luna 124
Arcano XIX. El Sol 128
Arcano XX. El Juicio 132
Arcano XXI. El Mundo 136
Arcano XXII. El Loco 140

5
EL FUTURO DEL TAROT 145
El futuro del Tarot 147

Arkano Books

BARAJA ESPAÑOLA SUPERFÁCIL

El arte de echar las cartas

ALEX MERCADAL

¿Sabías que los naipes de la baraja española son una estupenda herramienta para la adivinación?

La cartomancia es un ancestral arte adivinatorio que utiliza los símbolos universales de las cartas para descifrar información oculta a nuestros sentidos físicos.

Cuando sabemos interpretar adecuadamente sus mensajes, los cuatro palos característicos de la baraja española —oros, copas, espadas y bastos— constituyen un certero alfabeto capaz de revelar respuestas significativas sobre el amor, la salud, el trabajo o cualquier otro asunto que nos inquiete en la vida.

Este libro explica la manera más sencilla de echar las cartas de la baraja española, así como los métodos más eficaces para llevar a cabo lecturas de cartas y realizar consultas para uno mismo u otras personas.

Arkano Books

60 TIRADAS FÁCILES DE TAROT
Una guía sencilla, práctica y divertida con 60 tiradas a tu alcance
RAMÓN PLANA LÓPEZ

En este libro encontrarás interesantes novedades como detalladas y comprensivas explicaciones de cada uno de los 22 arcanos mayores que facilitan una interpretación directa y práctica del Tarot y tiradas mágicas que junto a las tiradas clásicaste ayudarán a amplificar y desarrollar tus propios dones a través de la energía arquetípica de los arcanos del Tarot.

EL TAROT SUPERFÁCIL
El tarot más accesible
JOSÉ ANTONIO PORTELA

El tarot superfácil hace posible la adivinación cuando la persona "adivina" permite que en su mente se vayan produciendo las escenas que van revelando las cartas sobre el tapete...; después, simplemente, has de narrar lo que estás viendo... Lo que ves, es o sucederá.

TAROT, EL ESPEJO DEL ALMA (PACK)
Manual para el tarot de aleister crowley
GERD ZIEGLER

Tarot, el espejo del alma enseña a utilizar las cartas, a interpretar sus imágenes y símbolos y a conectar con la sabiduría interior que todos poseemos, actuando como guía ante las situaciones cotidianas o cuando hay que tomar decisiones difíciles.

Arkano Books

TAROT RIDER, EL ESPEJO DE LA VIDA (PACK)
Manual para el tarot Rider-Waite

MARIO MONTANO

Basado en el tarot más popular, el Rider-Waite, que dio una nueva dimensión al significado y lectura de las cartas.

Estuche con libro de 186 págs. y las 78 cartas del único y original tarot rider-waite autorizado.

EL MAPA ENCANTADO
Libro guía y 54 cartas-oráculo

COLETTE BARON-REID

El mapa encantado ha sido creado para ayudarte a comprender el sentido de tu vida, la historia de tu destino y el poder de tu libre albedrío.Este bello conjunto de libro y baraja de cartas diseñado por Colette Baron-Reid es un mapa que te guiará a lo largo de tu viaje por la vida y te permitirá entrar en contacto con esa inteligencia suprema que algunos denominan Conciencia, Espíritu o Voluntad Divina.

EL ORÁCULO DE LA LUNA
Guía tu vida según los ciclos lunares

JOHN ASTROP Y CAROLINE SMITH

El oráculo de la luna es un método de adivinación muy original y fácil de usar, y también una amena introducción a la astrología lunar con la que podrás comprender los ritmos de la Luna, adaptar tu vida a sus fluctuantes cambios y hacer profundas lecturas adivinatorias.

GRUPO GAIA

Para más información
sobre otros títulos de
ARKANO BOOKS

visita
www.grupogaia.es
Email: grupogaia@grupogaia.es
Tel.: (+34) 91 617 08 67